英语教育与教学初探

陆巧华 著

北京工业大学出版社

图书在版编目（CIP）数据

英语教育与教学初探 / 陆巧华著. — 北京：北京工业大学出版社，2020.9（2021.11 重印）

ISBN 978-7-5639-7648-5

Ⅰ．①英… Ⅱ．①陆… Ⅲ．①英语－教学研究－高等学校 Ⅳ．① H319.3

中国版本图书馆 CIP 数据核字（2020）第 189049 号

英语教育与教学初探
YINGYU JIAOYU YU JIAOXUE CHUTAN

著　　者：	陆巧华
责任编辑：	刘卫珍
封面设计：	点墨轩阁
出版发行：	北京工业大学出版社
	（北京市朝阳区平乐园 100 号　邮编：100124）
	010-67391722（传真）　bgdcbs@sina.com
经销单位：	全国各地新华书店
承印单位：	三河市明华印务有限公司
开　　本：	710 毫米 ×1000 毫米　1/16
印　　张：	12.25
字　　数：	245 千字
版　　次：	2020 年 9 月第 1 版
印　　次：	2021 年 11 月第 2 次印刷
标准书号：	ISBN 978-7-5639-7648-5
定　　价：	45.00 元

版权所有　　翻印必究

（如发现印装质量问题，请寄本社发行部调换 010-67391106）

作者简介

陆巧华，女，1982年6月出生，广西师范大学漓江学院讲师，广西师范大学英语课程与教学论硕士毕业，主要研究方向：英语课程与教学论。近年来主要讲授英语课程与教学论、英语教学法、英语微格教学、英语课堂活动设计等课程，主持完成省级高等教育本科教学改革工程项目1项，参与多项省部级课题研究，参与编写教材《中学英语教学法》。曾指导英语专业学生参加省级师范生教学技能大赛连续三年获得一等奖。

前 言

伴随着世界一体化的发展,世界各国之间的联系日益密切,英语已经成为一门通用的国际性语言,在世界舞台上扮演着越来越重要的角色。世界各国为了促进自身政治、经济、科学、技术、文化的发展,都在开展对外交流活动,中国亦是如此。同时,改革开放的深入和对外交流的发展使得国内各个行业对综合型英语人才的需求日益增加,英语教育教学受到了社会、学校、家庭、个人等各个层面的重视。

全书共七章。第一章为绪论,主要阐述了英语教育的历史回顾、英语教学的总体目标、英语教学的影响因素等内容;第二章为英语课程与教学论,主要阐述了课程与教学的概念、课程与教学的关系以及课程论与教学论等内容;第三章为英语教学的理论基础,主要阐述了英语语言教学的理论基础和英语教学法的理论基础等内容;第四章为当代英语教学法流派,主要阐述了英语教学法概述、英语教学法主要流派等内容;第五章为当代英语微格教学探讨,主要阐述了微格教学概述、微格教学的开展模式、微格教室的设计与使用以及微格教学的设计与实施等内容;第六章为当代英语课堂活动设计,主要阐述了英语课堂活动概述、英语课堂教学的活动与方法以及英语课堂活动设计的特征与原则等内容;第七章为当代英语教学的评价与展望,主要阐述了当代英语语言测试体系、当代英语教学评价体系以及当代英语教学的未来发展等内容。

为了确保研究内容的丰富性和多样性,笔者在写作过程中参考了大量理论与研究文献,在此向涉及的专家、学者表示衷心的感谢。

最后,由于作者水平有限,加之时间仓促,本书难免存在一些疏漏,在此恳请同行专家和读者朋友批评指正!

目 录

第一章 绪 论 ………………………………………………………… 1
第一节 英语教育的历史回顾 ………………………………………… 1
第二节 英语教学的总体目标 ………………………………………… 9
第三节 英语教学的影响因素 ………………………………………… 18

第二章 英语课程与教学论 …………………………………………… 25
第一节 课程与教学的概念 …………………………………………… 25
第二节 课程与教学的关系 …………………………………………… 32
第三节 课程论与教学论 ……………………………………………… 35

第三章 英语教学的理论基础 ………………………………………… 39
第一节 英语语言教学的理论基础 …………………………………… 39
第二节 英语教学法的理论基础 ……………………………………… 46

第四章 当代英语教学法流派 ………………………………………… 67
第一节 英语教学法概述 ……………………………………………… 67
第二节 英语教学法主要流派 ………………………………………… 74

第五章 当代英语微格教学探讨 ……………………………………… 99
第一节 微格教学概述 ………………………………………………… 99
第二节 微格教学的开展模式 ………………………………………… 107
第三节 微格教室的设计与使用 ……………………………………… 116
第四节 微格教学的设计与实施 ……………………………………… 123

第六章　当代英语课堂活动设计 …………………………………… 131
第一节　英语课堂活动概述 ………………………………………… 131
第二节　英语课堂教学活动与方法 ………………………………… 133
第三节　英语课堂活动设计的特征与原则 ………………………… 135

第七章　当代英语教学的评价与展望 ………………………………… 141
第一节　当代英语语言测试体系 …………………………………… 141
第二节　当代英语教学评价体系 …………………………………… 157
第三节　当代英语教学的未来发展 ………………………………… 166

参考文献 ………………………………………………………………… 185

第一章 绪 论

英语教育在整个国际教育中的地位是举足轻重的，一两百年来不断发展。在英语国家，除了英语教育为全民基础语言教育之外，对外英语教学也是一个重要的内容。本章分为英语教育的历史回顾、英语教学的总体目标、英语教学的影响因素三部分。主要内容包括：国外英语教育历史、中国英语教育历史、影响英语教学的政策因素及环境因素等方面。

第一节 英语教育的历史回顾

一、国外英语教育历史

（一）日本的英语教育

日本作为东亚的一个岛国，它的历史并不悠久。但是，日本民族是一个好胜的民族，它从诞生之日起，就不断地为争取成为世界上的一大强国而努力。善于向强国学习、接受外来先进文化是日本的一个重要特点。起初，日本是以曾经在全球居于领先地位的中国为学习对象的，向中国学习优秀文化，与本民族的特征相结合，从而使日本迅速发展起来。

但日本民族是开放的，它并不满足于现状，当它认识到封建制度的腐朽，认识到中国的逐渐衰落后，就开始学习西方国家，追求更大的进步。于是，日本统治者从上层开始实行改革，并取得了成功。这就是1868年的"明治维新"。

建立资本主义的国家制度是明治维新的一项重要内容。另外，学习西方文化、在科技方面取得进步也是其重要目标。因而英语教育的重要地位也就确立起来了。

日本的英语教育并非发端于明治维新，真正意义上的英语教育是从"明治

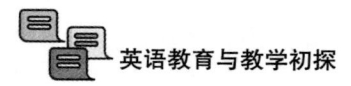

维新"的前夜开始的。当时,全国各地成立了很多"官立"和"私立"的英语学校,英语教学的目的渐渐变为积极吸收外国文化。明治维新后,日本政府制定了新学制,新建了不少外语学校,同时在普通学校里设立了外语课程。这段时期,为了大量吸收西方文化的精髓,政府聘请了大量外国人讲授自然科学及人文科学课程,教材也以原版为主。这样,就为英语学校提供了较好的语言环境,有利于培养学生听、说、读、写的语言使用和交际能力,为日本造就了一大批外语人才。可以说,明治时代是日本无条件吸收外国文化的时代。

第二次世界大战结束以后,日本的外语教学目的又发生了变化,转向"培养理解外语、运用外语表达自己的基本能力,增强对语言的兴趣,使学生了解外国人的生活和想法"。这时,学习英语的目的不再只是吸收西方文化,而且把英语作为日本人理解外国文化、进行国际交流或教育人的一种手段。与此相应,教学政策也有所变化,不再大量聘请外国人任教,从而削弱了英语教学中的几个重要环节。这一时期的日本英语教育不注重培养学生运用外语的语言实践能力,而把重点放在"读解"或"理解"上,以文法教学为主,主要为学生的理解扫除障碍。这时的教材也不重视新句型和练习。因而,日本学生理解外语的水平很高,可是实际运用能力很差,几乎听不懂、不会说,水平较高的学校也不能用外语直接进行教学。

近年来,日本的一些教育机构开始认识到前几十年英语教育的缺点,并采取了一系列措施改变这种状况。

(二)苏联的英语教育

20世纪初期,苏联开始在各类学校开设英语课,主要采用视听法进行教学。利用唱片、录音带、幻灯片、影片等帮助学习者掌握正确的发音,提高会话和理解语言的能力,后来还开设了电视课。

"语言柜"是苏联英语教育的特色。在各个学校的语言室里都有大量的录音带和唱片供英语学习者使用,还可以在家中设置语言柜,这种到处可见的语言柜反映了英语教育的重要地位。

20世纪七八十年代,用交谈的方法进行外语教学的模式在苏联开始处于主导地位。这种教学法主要是模拟语言交际情景,为学习者创造学习外语的气氛,据称曾创造出"七天学一门外语"的奇迹。这一时期苏联的英语教育有了很大进步,并且在1980—1981年对十年制学校的英语教学实行改革。改革规定四年级开始设英语课,为期七年;四至七年级的教学任务是使学生实践并掌握听、说、读三种语言活动形式,着重口语;八至十年级着重培养学生两种阅读能力;

各个教学阶段注重训练学生的听、说、读技巧，规定书面表达只作为教学的一种手段而不是目的。这次改革极大地促进了苏联英语教育的发展。

除日本和苏联外，其他非英语国家的英语教育也大都有很长的历史，如德国、匈牙利和瑞典等国家的英语教育也都有近一个世纪的历史。

二、中国英语教育历史

（一）早期的英语教育

我国的英语教育正式开始于京师同文馆。但在此之前几十年（19世纪初），在中国沿海的几个城市已经开始有了英语教育，主要由英、美两国的传教士零散地进行，范围窄、规模小，没有形成正规系统的教育。

当时，外国人士在中国以创立学校和创办报刊的方式进行英语教育。在创立学校的同时，外国人士和商人编辑出版英文报纸、杂志，其中主要有《广州纪录报》《中国丛报》等。这些外文报纸、杂志的普遍发行对中国早期的英语教育起到了不可估量的作用。

（二）同文馆及各类洋务学堂

1862年，我国近代史上第一所官办新式学校——京师同文馆正式开学。先开设英文馆，以后又增设了法文馆、俄文馆，制定了各项教学和管理制度。自此，我国正规的英语教育正式开始。

同文馆初始仅是一所初等的外语学校，但与旧的私塾相比，无疑是一个巨大的进步。办学伊始，学生、教师人数都很少，英文馆仅有十名学生，教师也只有两名。以后同文馆的规模逐渐扩大。

同文馆的英语教育有其重要特点：第一，使用英文原版教材；第二，聘请洋教习教学；第三，除正常的课堂教学外，组织安排学生参加各类语言实践活动，其中较多的是翻译实践。显然，这种教学方法对于培养语感、增强学生的语言能力是大有帮助的。同文馆的办学方向和教学方法是相当先进、科学的，它为中国培养出第一批外语教师和翻译人才，为中国英语教育的发展做出了很大贡献。不可否认，同文馆的英语教育作为我国英语教育的正式开端，迈出了良好的第一步。

继京师同文馆开办以后，各地纷纷开办方言馆和同文馆，其中上海同文馆、广州同文馆和湖北自强学堂的教学最有成效。上海同文馆把语言与科学知识结合起来进行教学，取得极大成功，培养出一批优秀学生；广州同文馆以语言学

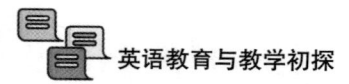

习为主，英语由外籍教师教授，要求"将中外语言文学融会贯通"，也培养出一批成绩优良的学生，其中有些人在晚清的英语教育中是有极大影响的人物；湖北自强学堂由张之洞创办，在招生、管理和课程安排等方面都有不同于其他学校的科学的规定，特别重视英语课的安排，因而办学成绩卓著。

另外，当时还有其他各类洋务学堂，这些新式学校重视英语教育，并把英语教育与其他学科结合起来，造就了一批外语基础好又有较丰富的工艺知识的人才。

（三）19世纪末至20世纪初的英语教育

19世纪末，中国封建社会濒临绝境，残酷的现实促使具有进取心的知识分子冷静分析形势，研究西学。自此，旧的封建教育制度开始解体，新的教育体制开始萌发并逐渐确立起来。

1905年，在中国实行了1300多年之久的科举制度终于寿终正寝。这一具有伟大历史意义的大事，对近代教育的发展、对英语教育的发展无疑具有重要的推动作用。

在废除旧的科举制度的同时，以"中学为体，西学为用"为教育纲领的新学制逐步确立。1898年的"百日维新"提倡西学，是一项具有突破性的改革措施；1904年1月清政府颁布了《奏定学堂章程》，它是中国近代教育史上最早施行的全国通用的新学制。这些提倡西学的新措施为英语教育发展提供了肥沃的土壤。

"百日维新"时期把旧式书院改为学堂，以后又设立了不少新式学堂，由地方政府或民间人士筹办，从办学的指导思想到课程设置，对英语教育都很重视。许多学校在招生启事或学校章程中明确指出把英语视为一门主课，规定教学时间，提出教学要求。当时的英语教师多为同文馆毕业生，同时聘请外国人任教。同时，这一时期外国人士继续创办教会学校，比以前的教会学校更强调英语教学，甚至提出"应当广开英语课程，使英语逐渐取代汉语而成为东方的通用语"这一殖民主义的主张。凡有条件的学校都在校内制造一种全盘英语化的气氛，对英语课提出了更高的教学要求。

新的学制建立以后，学习外国语在当时成为一种时代潮流。英语教育在中学教育中占有重要地位，各地中学学堂对英语教学都很重视。在新旧教育体制交替的时期，创办新式学堂、开设英语课不是一件容易的事，新式学校比教会学校少得多。但是，西学之风已徐徐吹起，这段时期以后，各地学校对开设英语课颇有积极性，对英语课的教和学也较为重视。1909年，学部将中学分为文、实两类，英语仍然是一门最受重视的外国语。1910 年，学部对英语教学提出了更高的要求，规定"各类高等实业学堂乃至大学，英语为必修之外国语"，凡要升入大学的中学生必须通过英语考试，广大学生也就更重视英语学习了。

1898 年 7 月，京师大学堂——由中央创办的第一所多系科的综合性大学正式成立。1902 年，京师同文馆并入京师大学堂，次年增设译文馆，对英语教育的重视比同文馆时期更进一步。20 世纪初，各省纷纷设立高等学堂，其中有些学校办学成效显著。为此，1903 年清政府颁布《奏定高等学堂章程》和《奏定大学堂章程》，规定英语为各类学堂的必修课程，课时最多。同时"取合宜之西文参考书使之熟习"，要求教师总结最适合的教学方法，以利于学生语言学习能力的提高。这些政策表现出英语教育在当时国民教育中有举足轻重的地位。

（四）"中华民国"的英语教育

1. 中学英语教育

1912 年 1 月，"中华民国"成立，重新改革了清末的教育体制，形成了新的学制系统。规定有条件的高校可以开设外国语课，以英语为主；并规定教学目的在于"通解外国普遍语言文字，具运用之能力，并增进智识"。1915 年，新文化运动全面兴起，成立了各种教育研究组织和学会，其中同年 5 月份成立的全国教育联合会最有影响力。这时，英语已经成为一门主要学科，形成了明确的教学目的和科学、先进的方法。

1922 年 11 月，"壬戌"学制颁布实施，初、高中从此分开。这有利于提高中等教育的水平，是新文化运动在教育上取得的成果。无论高中还是初中，外国语的学分高居首位，与国语并驾齐驱，足见那时对外语教学的重视。以后又针对实际情况进行调整，初中英语学分减少，而高中英语学分增加。在这一时期，英语教学多采用直接法授课，初中多是英语、国语兼用。以后几年，直到中华人民共和国成立，这一学制基本上只是略有变动。

在这一时期，出现了很多专门研究英语教学的论著，其中提出"因材施教"的教学方针，对教材的审定提出严格的要求。同时，关于英语教学研究的文章逐渐增多，散见于各类教育杂志上。这些文章和专著对我国以后的英语教学发展也颇有启发。另外，当时出现了一些研究英语教学的团体，其中最重要的是 1948 年 3 月成立的全国性的英语教学研究团体——中国英语教学研究会。它的宗旨是"联合英语教学专业人士研究并改进各级学校之英语教学"。不久，《英语教学》创刊，这是我国历史上第一本全国性的以英语教学为专门研究对象的学术刊物。

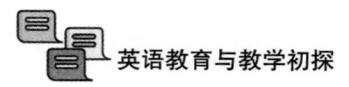

在"中华民国"时期，中学英语教学可以说有了很大发展。英语一直是一门受重视的学科，而专门研究机构的成立和学术刊物的创办，更为英语教育的发展提供了契机。

2. 大学英语教育

"中华民国"成立后，设立外国语专门学校成为高等教育的一个重要任务。在以后的十年间，外国语学校一直是英语教育的主要阵地。

大学教育在"中华民国"时期有很大发展，办学也日趋正规。在大学里，英语专业也是一个重点学科，各文科及师范大学都有设置。1932年，全国普遍设置以英语为主的外国文学系的高等学校占学校总数的三分之一以上。这段时期，大学英语教育的课程设置比较混乱，其间进行多次调整；英语教师队伍庞大，教学与研究水平都相当高，朱光潜、林语堂、梁实秋、许国璋等都是从事大学英语教学及研究工作的教授、学者、专家，他们日后都成为驰名全国的教学大师。

总体来说，民国时期的英语教育取得了显著的成就，就课程设置、教材编写和师资力量来讲，较以前有很大进步。英语教学的研究工作也卓有成效，成立了专门的研究团体，创办了学术刊物，在宣传推广直接教学法和开展教学测验等方面指导了全国的英语教学实践。

（五）1949—1976年的新中国英语教育

中华人民共和国成立以后，英语教育的发展道路是曲折的，随着国家政治形势和经济发展的变化而变化。

中华人民共和国成立之初，由于中、苏两国的特殊关系，俄语教学是外语教育的重点，英语教育在很长一段时间内处于勉强维持的状态。这种课程设置的情况严重脱离了中国外语教育的实际，在此以前近半个世纪，英语一直作为中学和大学的主要课程，师资、教材和教法都有雄厚坚实的基础。现在转向俄语教学，造成了人力、物力的浪费；同时俄语师资、教材紧张，教学质量不能得到保证。这段时期，中学英语教学课时大幅度缩减，高等学校英语教育也受到严重影响。1953年，高等师范学校的英语系大多被撤销，这对于英语教育来说是一个巨大的损失。

从1957年开始，我国的英语教育逐步摆脱困境，恢复起来。在当时的中学教学计划中，英语被列为一门重点学科，初中和高中《英语教学大纲》的制定标志着中学英语教学走上了正轨。教育部采取了一系列措施，以切实加强英语教学：①高等学校录取新生时，将外语考试成绩作为正式分数；②小学开设外语课,增加中学外语课时;③加大外语课比重,充实师资队伍;④开设外国语言学校;⑤制定发展外语教育的长期规划。这些措施使1957—1966年十年内的中学英语教学呈现新局面。

另外,这十年是高等英语教育的初步恢复阶段。俄语专业教学规模开始缩小,英语和其他语种的教学得到重视,新建和扩建了十多所外语院校,英语专业师资力量有了成倍的增长。至此,我国的英语教育开始走上正轨。

由于历史原因,此后十年,中国的教育事业受到了一定的影响,英语教学也是如此。但在外语教育界广大师生的努力下,这一时期的英语教育也获得了一定的发展。

(六)1977年以后英语教育的发展

1977年以后,我国的英语教育迅速恢复并发展起来,并且受到了前所未有的重视,英语教育史也掀开了新的一页。

1978年教育部提出:必须加强中小学外语教育;大力抓好外语师资队伍的培养工作;编选出版一批相对稳定的中小学英语教材,并配以唱片、录音、幻灯、电影等视听材料。同年12月举行十一届三中全会以后,英语教育战线出现了新气象。1981年4月,教育部把中学的外语课列为三门主课之一,以英语为主,并在教学方面提出要求:对学生进行听、说、读、写的基本训练,侧重培养学生的阅读能力和自学能力。到1982年,我国的中学英语教育已恢复元气,教学质量也逐步提高。在全国范围内较大规模地开展中学英语教学实验研究,在教学方法、教材编写及使用方面有一定的突破。特别是1981年年底中国中小学外语教学研究会的正式成立,标志着我国中小学外语教学和研究工作迈出了新的一步。

1982年以后,中小学英语教学有了更大的发展,主要体现在以下几个方面:①各地普遍开设英语课,连经济不发达、原来英语基础比较差的农村及乡镇学校的英语教学也有所发展;②重视师资培训,培养英语教育的骨干力量;③继续办好外国语学校;④编辑出版了一批以中学师生为主要读者对象的英语报纸、杂志,主要有《中小学外语教学》《中小学英语教学与研究》《中学英语园地》《英语学习》《英语世界》《国外外语教学》《上海学生英文报》等,这些报纸、杂志对推动我国英语教育的发展和提高英语教学水平起了很大作用。另外,从这时开始,高考时的英语成绩全部计入总分,对提高中学英语教学质量是一种强大的动力。

到1986年,我国的中学英语教育已达到相当高的水平。除规模扩大和教学研究有重大成果外，电化教学也有所进展，计算机已开始应用于教学并卓有成效；同时，从这时起开始重视培养学生的交际能力，标志着英语教育的进一步发展。

1977年以后，高等英语专业教育也飞速发展。开设英语专业的高校逐年增多，教学计划、教学大纲、教材日益完善，电教设备也不断增多。在教学中，既重视听、说、读、写等单项技能的训练，又关心学生语言表达能力的全面提高。这时的英语教学根据学生的实际情况确定教学方法，充分利用录音、录像、电视、计算机等现代化教学手段，并在教材、大纲等方面进行深入研究，从而总结出一套适合我国高等英语专业教育的方法，培养了一批又一批英语和英美文学的教学、研究人才和其他英语工作者。

对英语教学法和语言科学的研究也是新时期英语教育的重要课题。到1988年，我国高校外语科研工作已蓬勃开展起来，成立了全国性和地方性的各种学术团体；恢复和增设研究所、资料中心等科研机构；出版了各种学术刊物；广泛开展国内外学术交流活动。这些研究工作对英语教育的发展起了很大的促进作用。

由于英语的地位不断提高，其作为一种国际通用语言，在科学技术和社会科学的各个领域都有着重要作用。因此，非英语专业大学生的公共英语教育也很重要。我国大学公共英语教学的主要目的是提高阅读能力，对听、说和写的能力也有较高要求，强调培养学生运用语言进行交际的能力，实行分级教学。另外，把英语与专业知识结合起来、开设专业英语课程，也是大学英语教育的主要特点。

分级教学是一项重要的教学措施。教学大纲对每一级都做出具体要求，并通过大学英语四、六级考试的方式进行考核，为衡量大学生的英语水平提供了统一的标准；并与用人单位的录用标准挂钩，从而激发了学生学好英语的积极性。

20世纪80年代的大学英语教学发展迅速，教材不断更新，力求适应各种专业的需要；师资力量日益雄厚，许多理工科学校也开设了英语专业；教学设备不断现代化，主要是录音机、录像机、听音室和语言实验室。20世纪90年代后，计算机开始进入大学英语教学领域，计算机辅助英语教学软件层出不穷。另外，有关大学英语教学的全国性组织开始出现，有关方面的研究成果不断以论文的形式发表。进入21世纪，大学英语教学改革开展得轰轰烈烈，微课、慕课、线上精品课、翻转课堂等不断涌现，我国的大学英语教育进入繁荣阶段。

第二节 英语教学的总体目标

一、掌握英语的目标

纵观英语教学史可以看出，英语教学主要有两种类型的目标：一是素质型目标，一是实用型目标。前者指人文主义的教育目标，强调在与目标语——英语及其民族文化的跨文化交流中提高学习者和学习者民族的文化素养，从而提高教育、文明水准。而后者则着重培养学生的英语运用能力，主张学以致用、学了就要用是着眼于教学的近期效益；学习英语是为了提高思维和知识水平，则着眼于教学的长期效益。张正东指出，"虽然近期效益与长期效益互有关联，但在英语教学的发展中却形成了两条路子、两个体系"。

英语教学的总目标，应该是使学生获得英语语音、语法、词汇和英语国家文化基本知识，培养学生听、说、读、写等运用英语进行交际的能力，发展学生的智力，陶冶学生的情操和培养学生对英美文化知识的认知能力。它既包括了英语教学的具体任务，即传授英语基本知识与技能，也包括了发挥英语学科的全面教育功能，使学生在知识、能力、智力和思想品德四方面得到提高。这种表述就是素质型目标的表述。

基础教育阶段英语课程的总体目标是培养学生的综合语言运用能力。综合语言运用能力的形成建立在学生语言技能、语言知识、情感态度、学习策略和文化意识等素养整体发展的基础上。语言知识和语言技能是综合语言运用能力的基础，文化意识是得体运用语言的保证。情感态度是影响学生学习和发展的重要因素，学习策略是提高学习效率、发展自主学习能力的保证。这五个方面共同促进综合语言运用能力的形成。

基础教育阶段英语课程目标的各个级别均以学生语言技能、语言知识、情感态度、学习策略和文化意识五个方面的综合行为表现为基础进行总体描述。

建立中小学英语教学的目标分类体系，能为教学提供一个要求掌握英语的具体的可操作和可测量的客观标准，使师生都能具体明确英语教学要掌握什么，以及要掌握到什么程度。这有助于选择教学方法、编写和分析教材、指导教学、检查教学效果、改进教学。制定英语教学的目标分类体系之后，要求教师认真分析研究学生需要达到的目标及层次，选择能更好实现各层次目标的有效教学方法和检查、考核办法，以便获取比较客观的回馈信息；并客观地分析评价获

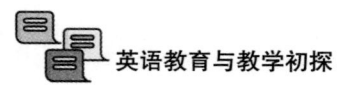

取的信息，再根据分析评价的结果调整教学进度、改进教学方法，力争更有效地全面实现教学目标。

掌握英语属于认知领域的知识和能力，可以分成三个次级层次，即英语基础知识的了解、基本训练技能的操练和交际能力的运用。基础知识可分为三个小层次：语音、词汇、语法。基本训练可分为四个小层次：听、说、读、写技能基本训练。交际能力可分为四个小层次：可能性、可行性、得体性和现实性。

（一）语言知识的传授

语音、语法、词汇是学生必须掌握的英语学科基本知识。语音、词汇和语法虽不是教学论意义上英语语言知识的全部，但却是英语语言知识的重要组成部分，是形成听、说、读、写言语技能，进而发展为英语实际运用能力的重要材料和工具。

1. 语音

任何一个民族的语言首先都是靠声音来传播的，书面语言是后来才发展起来的。语言是发音与意义的结合，每一种语言都有不同的语音和发音系统。因此，学习某一套特殊的语音和发音系统就成为学习某种语言的第一步，也是学习这门语言的基础。语音学好了，对于以后提高听力、记忆词汇与掌握语法规则，乃至提高阅读能力都有很大的帮助。因此，语音基本知识很重要。

掌握语音的基本知识与发展语音的能力是分不开的。所谓语音的能力，包括敏锐的听觉（能区分细微的发音差别，把不同的发音与意义迅速连接起来）、良好的发音（准确掌握发音部位、掌握重音与语调）以及对听觉与发音的控制与协调等。不同年龄的人掌握英语语音的能力有所不同，幼儿或少年的模仿能力强，学习英语语音更容易。不同母语、不同方言的人，在学习英语的语音时也会产生不同的困难，因为他们的发音和语调总是会受到母语和地域方言的干扰。

语音一关是英语教学的第一关，在中小学语音教学中存在着不容忽视的问题。首先表现在英语教学初始阶段的语音教学往往留下后遗症，如语音基本技巧运用不够熟练，学生在读字母和音标时常有瞬间考虑活动，因而达不到直接反应、眼到口也到的水准。在运用拼读规则读单词和读音标组合时更是如此。也就是说，语音基本技巧自动化程度不够。这种后遗症严重影响以后的教学进度，影响学生语言运用能力和自主学习能力的发展，词汇、语法和听、说、读、写的教学无不受到阻碍。

2. 语法

语法是语言使用的规则，对语言实践有着积极的指导作用。掌握和运用语法知识对于获得语言能力有着重要的作用。因此，学习语言，尤其是学习英语，不学习语法是根本不行的。有人把词汇和语法比作建造一座大厦时砖块和水泥的关系：如果没有水泥，零散的砖块就无法构筑成墙与大厦的其他部分而浑然一体。没有语法，句子就是词汇的盲目无序堆砌，语法能力是交际能力的组成部分。事实上，人们在学习和掌握语法的过程中，总是自觉或不自觉地学习和运用着语法，语法是实现交际目的的重要手段。

英语语法教学，就是在语法基础知识的教学过程中，让学生逐步从理性上认识、掌握语言使用的规律，并用以有效地指导语言学习实践。在语法教学问题上，许多教学法都重视语法教学，都有有效的教学方法。以官能心理学为理论基础的语法翻译法强调演绎教学法；以认知心理学为基础的认知法主张学习语法应在发现、理解规则的基础上，通过交际掌握语法；以行为主义心理学为基础的听说法强调句型教学，要求通过句型操练达到自动化程度，从而形成习惯。

3. 词汇

词汇是语言的三大要素之一，对语言的掌握熟练程度在很大程度上取决于对词汇的掌握情况，这点可以从对语言的理解和表达两个方面来说明。从对语言的理解方面来看，语义关系比语法关系更为重要。如果词汇贫乏、词义含混，就不能对一篇文章有很好的理解，也不能听懂别人的话。从表达思想方面来看，正如语言学家威尔金斯所说："没有语法，人们能表达的事物寥寥无几；而没有词汇，人们则无法表达任何事物。"由此可见，词汇教学在语言教学中占有相当重要的地位。学习英语，只有学会并掌握足够数量的词汇，才能进行语言交际，才算真正学好了英语。词汇是构成语言大厦的基本材料，如果只有语音基础和语法框架而词汇材料不够，仍不能建成完美的大厦。

（二）基本技能的训练

根据教育心理学观点，技能的学习就是掌握特定目标下的操作方式。技能既包括内隐的智力技能，即一系列的心理活动操作技能，也包括运动技能，即一系列的器官和肌体活动。就学习英语技能来说，学习者不仅明白了各种语音、语法、词汇现象的意义，而且能够运用自己的头脑和器官来进行操作，达到通过英语接收（听、读）信息和表达（说、写）信息的目标，这样才算真正学会了英语。学习任何一种语言都不能只满足于获得一定的知识，而应当把重点放在技能的掌握方面。语言是信息交流的工具,是人类认识世界、改造世界的工具。如果不能掌握这种工具的使用与操作方法,那就失去了学习的意义。

语言的技能一般可分为听、说、读、写四个基本方面,其他如翻译、复述、听写、讨论等活动都是上述四种基本技能的综合演变。听、说、读、写在教学中既是教学目的,又是教学手段。作为教学目的,英语教学大纲对听、说、读、写都有要求;作为教学手段,每节英语课上都要进行听、说、读、写训练。听、说、读、写的能力是在听、说、读、写的训练过程中培养的,语音、语法、词汇知识只有通过听、说、读、写练习才能熟练掌握。听、说、读、写能力紧密联系、互相促进。

人们通常从不同的角度对它们做出分类,并将其分成口语能力(听、说)和书面能力(读、写),或接收能力(听、读)和表达能力(说、写)。这四种能力的发展都有其相对独立性。每一种能力都可以通过相应的活动得到发展,如通过阅读活动提高阅读能力,通过听力训练培养听力能力。而在实际教学中,这四种能力的发展往往不能完全平行一致,某些能力可能超出或落后于其他能力的发展。同时,听、说、读、写又相互联系、相互制约。它们所涉及的语言形式(词汇和语法)是一致的,它们只是运用同一形式体系进行交际的整体能力的四个方面。在实际语言使用和教学过程中往往同时涉及几种能力。因此,应全面培养学生的听、说、读、写四种语言能力。

(三)交际能力的培养

交际能力是社会语言学家海姆斯(1971)针对乔姆斯基的语言能力的概念提出来的。在海姆斯看来,一个语言学习者的语言能力不仅包括他/她能否造出合乎语法的句子,而且还包括他/她能否恰当地使用语言的能力,即他/她懂得什么时候说什么话,什么时候不能说什么话,对谁在何时何地以何种方式谈什么内容。海姆斯还认为,语言有使用规则,如果没有使用规则,那么语法规则也就毫无用处了。由此可见,海姆斯提出的交际能力既包括语言能力,又包括语言运用。交际能力由四个部分组成:①可能性,指一个人是否(以及在什么程度上)能够说、写语法正确的句子;②可行性,即某种说法是否(以及在什么程度上)可行;③得体性,即某种说法是否(以及在什么程度上)合适;④现实性,指某种说法是否(以及在什么程度上)会在实际情景中说出来。

语言知识、语言技能和交际能力三者是相辅相成的。

首先,语言知识是基础,没有扎实的语言基础就谈不上有听、说、读、写基本技能和培养语言交际能力。同样,忽视培养交际能力,语言知识将成为一堆废料，技能也将成为僵化、呆板的机械式操练活动。语言知识只有通过技能训练和语言交际活动才能被理解、吸收、储存，并自由地运用于交际活动中。

其次，具备语言技能是进行交际的前提，在一定程度上也体现出交际能力的强弱，它又是知识转变为交际能力不可缺少的中间环节。语言知识、语言技能也寓于交际活动之中。由此可见，语言技能既是英语教学的目的，又是巩固语言知识、培养交际能力的手段。

最后，英语教学的出发点是培养学生用英语进行交际的能力，而不仅是学习语言知识和掌握语言技能，语言知识和语言技能是为掌握交际能力服务的。英语教学的根本目的是培养学生的英语交际能力。

二、开发智力的目标

（一）什么是智力

智力通常指人辨析判断和发明创造的能力，但是心理学家的解释各不相同。大体上可以这样说：智力是人的一种复杂的心理机能，它使人能够适应新的环境，学习新的事物，为了达到一定的目标而活动。传统理论对智力的定义局限在人的语言智力和逻辑两个方面。

1983年，美国哈佛大学的心理学家霍华德·加德纳在《智能的结构》一书中提出人有"多元智力"。多元智力理论对传统智力理论提出了质疑，加德纳认为：①智力是在多元文化环境中解决问题和创造一定价值的能力；②智力是一整套使人们能够在生活中解决各种问题的能力；③智力是人们在发现难题或寻求解决难题的方式时不断积累新知识的能力。

加德纳认为人的智力是多元的，至少拥有七种能力。此外，智力亦随人类文化发展而演变，它是有生命力的，随着科技的不断进步，将来的智力可能不止七种。由于此七种智力普遍存在于人类当中，因此多元智力理论已广为心理学及教育界人士所接受。

加德纳强调，人的智力可以经由后天的学习得以开发和逐步提高。因此教师应当有目标地培养和提高学生的各种能力，以提高教育品质。例如，对英语教师来说，可以设计有关解决难题的活动来培养学生的交际能力；还可以提供丰富的语言教学资源来提高学生的听、说、读、写能力；通过教师与学生以及学生与学生之间的交往活动培养学生的语言运用能力和肢体运动能力。这样教师可拓展课程内容，为学生提供多维模式的学习机会，让学生的智力得到最大限度开发。

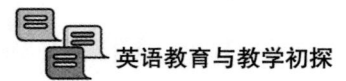

（二）对智力本身性质的评述

加德纳提出的七种智力可以归纳为三类：第一类是与对象有关的，包括逻辑－数理智力、空间智力、肢体－运动智力、自然观察智力，这些能力由个体所处环境的对象所控制与塑造；第二类是免于对象的，包括语言智力与音乐智力，它们不受物理世界的控制，而是由语言与音乐系统决定的；第三类是与人有关的，包括人际交往与反省智力。

每一种智力代表着一种不同于其他智力的独特思考模式，然而它们却非独立运作的，而是同时存在、相互补充、统一运作的。例如，一位优秀的舞蹈家必须同时具备良好的音乐智力，了解音乐的节奏与变化；良好的肢体－运动智力，能够灵活而协调地完成身体动作；良好的人际交往智力能通过身体动作来鼓舞或感动观众。

每一种智力都包含着几种次级智力，例如音乐智力包含演奏、歌唱、写谱、指挥、批评与鉴赏等次级智力，所以一个人可能歌唱得不好却很会作曲，不会演奏却善于批评和鉴赏。

加德纳指出，多元智力理论所包含的七种智力模式是暂时性的，可能还有其他智力存在。

（三）对人类智力发展的评述

每一个正常人至少都具有上述七种智力，但由于遗传基因与环境因素的差异，每个人各种智力的发展程度有所不同，而且也会以不同的方法来组合或糅合这七种智力。

每一种智力都有其独特的发展顺序，并在人类的不同成长时期产生与成熟。例如，音乐智力是最早被开发的智力。

这些智力非固定与静态的实体，它能被强化与提高。而文化则是影响智力发展的重要因素，每种文化对不同形式的智力有不同的评价，使得个体在各种智力的发展上有不同的动机，也使得某一社会的人群在某些智力上会有高度的发展。

人类在所有智力中都有进行创造的可能，然而大部分的人都只能在某些特定领域进行创造。换言之，大部分的人都只能在一两种智力上表现出突出的能力。例如，爱因斯坦是数学与自然科学方面的天才，然而他在音乐、肢体－运动与人际关系方面却没有同样出色的表现。

（四）多元智力理论的教育内涵

多元智力理论使我们破除了"IQ式思维"，跳出传统心理学所划定的界限，使我们能深入了解人类智力的本质，为教育理论与实践提供重要的启示。多元智力理论的教育含义如下。

①教育工作应致力于七种智力的整体发展。传统教育独断地将焦点放在语言与逻辑－数理能力的培养上，并且只重视与这两种能力有关的学科，致使学生在其他领域的智力难以获得充分发展。加德纳的多元智力理论则指出人们至少具有七种智力，每种智力都具有同等的重要性，而且是彼此互补、整体运作的，仅具有语言与逻辑－数理智力并不足以应对未来生活与工作中所面临的挑战，因此教育工作应致力于七种智力的整体发展。

②教育是高度个性化的工作，必须考虑每位学生所具有的独特智力组型；不同的学生具有不同的心智组型，并且会以不同的方法来学习、表演与回忆知识，因此不应以相同的方法、相同的教材来教育所有的学生。优秀的教师应根据学生的不同需要而使用不同的方法进行教学。

③教育应尽可能鼓励学生确立自己的学习目标与学习方案。教师应尊重学生对自己的认知，并鼓励学生负责任地计划并监控自己的学习，以帮助学生逐渐地了解自己的内在潜能并找到发展这些潜能的方法。换言之，教育应培养学生的内省智力，而不是被动接受学习方案。

总之，多元智力理论包含了整体化、个别化、自主化与多元化的教育意义。基于这些意义，如何营造一个真实的课堂环境，把实际落实于我国的教育体系中，仍是一个重要的课题。

近年来，关于多元智力理论的书籍不断地被介绍到国内，这些著作的共同特点是以七种智力为基本框架，阐述开发这些智力的理论与方法。虽然许多内容对我们很有启发，但是，与我国基础教育的教学实际却不相适应。我国基础教育的教学是以课堂教学为中心的，如果不能与课程相结合，就很难付诸实施。我国全面推行素质教育的经验和教训告诫人们，要把素质教育落到实处，必须与课程相结合。我们在借鉴多元智力理论时，必须不断寻找多元智力理论与我国课程改革的结合点，特别注意将其与课堂教学相结合。

三、培养良好品德的目标

掌握英语与掌握其他任何一门学科一样，是长期坚持不懈努力的过程，需要学生踏踏实实，好学深思，勤学苦练，互相帮助，不畏困难，克服自满，这

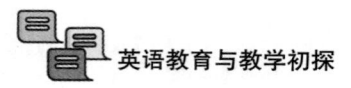

样才能真正学到本领、不断进步。学习的进步与良好的学风和品德是密不可分的。教师要教好英语，就必须发挥示范作用，并在学生中树立良好的学风与品德。

（一）积极的学习态度

态度是一个人对待外在事物、活动或自身思想行为时所持的一种是与非的情感倾向。英语学习态度就是英语学习者对英语学习的认识情绪和行为在英语学习上所表现出的倾向。态度有积极态度和消极态度之分，积极态度表现为对英语学习喜爱的情感，而消极态度则表现为对英语学习的反感。

相关的研究发现，英语学习态度对学习成绩具有正相关性。也就是说，学习者在初学阶段的态度与后来的英语水平有关系，态度愈积极，学习成绩就愈好。这是因为态度积极的学习者喜欢学英语，而态度消极的学习者讨厌学英语。

要培养学生的积极态度，首先要让他们了解为什么要学英语，了解了学英语的目的，就能产生积极的态度。比如让学生明白掌握一门外语是为了和世界各国人民进行交流，这就有助于形成有利于英语学习的态度。学习态度是可以改变的。对那些态度较差的学习者，教师应做大量工作，培养他们的积极态度。

（二）良好的学风

在英语教学的整个过程中，教师要培养学生形成良好的学风，进而培养优秀的品德。良好的学风表现在如下几个方面。

1. 勤奋踏实的态度

学习英语必须勤奋踏实，如果只凭一时兴趣或小聪明，虽然可能有点收获，但是不能取得真正的成就，更不用说投机、作弊等不老实的行为了。

2. 严谨的作风

学习英语必须认真仔细辨别正误，往往由于一个词的拼写，一个冠词或介词的使用，甚至一个标点符号的不同，就会引起意义的差别，导致思想交流的误会。因此，学生应当具有严谨的作风，克服粗心、马虎等不良习惯。

3. 多动脑筋的习惯

学习英语必须多动脑筋以发现问题和思考问题。特别是在中英文表达习惯的差别上，如果不敏锐思考，就容易以中文习惯来使用英文，闹出许多笑话。因此，要提倡好学深思，深入钻研。

4. 勇于实践的精神

学习英语必须勇于实践，在实践中纠正错误，提高听、说、读、写的能力。

因此，要鼓励学生克服各种心理障碍，勤学多练，不放过练习的机会。

四、跨文化教育的目标

跨文化教育的目标包括态度、知识和能力三个部分。首先，就文化态度而言，英语教育过程中要充分注意各个民族和国家之间的文化差异，要理解、包容和尊重所学语言国家的文化和风俗习惯。其次，就文化知识而言，英语教育的目的不仅是使学生了解所学语言国家人们的信仰、观念、风俗、行为、情感和习惯以及生活方式、思维方式等，也应掌握一些所学语言国家的经济、社会、政治、历史等情况。最后，英语教育还要培养跨文化交际的能力，只有这样，才能更好地达到国家间相互了解和交流信息的目的。

语言与文化之间存在密切的关系。一方面语言是文化的组成部分，另一方面，语言又是文化的载体。语言可以丰富和保存一个民族的文化及其信仰和风俗，因为语言储存了一个民族所有的社会生活经验，反映了该民族文化的主要特征。语言是文化的一部分，并对文化有深远的影响。

传统观念认为，有关英语的基本知识只包括其内部的结构与规则，即语音、语法、词汇等。但是，现在愈来愈多的人认为，研究英语必须注意它在社会中的使用状况与规则，即使是初学英语的人，也必须懂得这方面的基础知识，才不至于在和英语国家的人们交往时产生误会。许多词汇，如"The Bible, Christian, Constitutional Monarchy, Christmas, democracy, cabinet"等，都和西方国家的宗教和政治有关。如果不懂他们的国情，那么就无法理解他们的语言。如果不能区分英国与美国的政治制度，也就不能区分"Multi-party Republic"和"Constitutional Monarchy"的含义。

只学习语言而不了解文化会产生许多文化错误，即大多数以英语为母语的人觉得不合适或者不能接受的语言或行为。这些错误分为如下四类。

①从社会语言学的角度看是不合适的，例如，把"你吃饭了没有""你上哪儿去"等问题当作问候语等。

②在文化习俗上不可接受，如进行"自贬"以表达不必要的谦虚。

③不同价值体系的冲突，如干涉外国人的隐私。

④对西方社会持有许多固定不变的、过于简单或过于笼统的错误看法，例如认为所有美国人都很富裕等。

文化错误比语言错误会产生更为严重的后果，偶尔违反了语言规则（如忘记复数名词加 -s），外国人可以谅解，至少不会影响彼此的感情。但是，如果

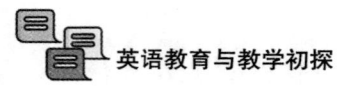

犯了文化错误,那就容易造成我们与外国人之间感情上的不愉快。因此,为了避免文化错误的发生,就得学习社会文化知识。

第三节 英语教学的影响因素

一、政策因素

所谓政策因素,指的是教育行政管理部门根据社会、政治、经济等方面对人才的需求等制定相关的外语教育政策。这些外语教育政策会对英语教学提出具体目标,这些目标可以使教学活动更加具有针对性,可提高人才培养的实用性和现实性。

影响英语教学的政策因素可以分为以下两个方面。

①英语教学是关系我国21世纪社会发展和人才培养的重要因素。英语教学对学生的整体素质、能力、知识结构等产生重要影响,且这些因素会对社会的发展产生间接的影响。

②国家政策不仅为英语教学制定相关的政策和目标,还对教师的工作进行监督和分析、评估。国家政策对于教师的工作热情和积极性具有重要影响。奖罚分明的制度有利于教师在自己的工作岗位上兢兢业业、刻苦钻研、勇于付出,为国家培养出更多的英语优秀人才。

二、环境因素

环境因素对英语教学有着重要影响。英语教学的有效实施需要社会以及学校等各方面的积极配合,社会以及学校的环境、教学设施以及相关因素等对大学英语的教学质量具有举足轻重的作用。

(一)社会环境

社会环境主要指经济发展状况、科学技术水平、人文精神、社会群体对英语学习的态度以及社会对英语的需求程度等。社会因素是影响和制约外语教学的重要因素。外语教学大纲的制定以及课程标准的设置都需要以符合社会对于英语人才的需求等为依据。社会环境因素对教学具有导向作用,是英语教学向前发展的动力。

（二）学校环境

学校环境主要涉及班级的大小、教学设施、教学信息、教学资料、英语课外活动、校风班风和师生人际关系等。学校是为学生提供学习场所和学习手段的最佳平台，它对英语教学的影响更直接。学校的教学质量、管理水平以及各项硬件设施的完善与否对英语教学的成败起着关键性作用。

1. 教学设备

教学设备是学校教学的重要组成部分。学校教学设备包括很多方面，教室、图书馆、实验楼、办公楼、宿舍等都属于学校的教学设备。教学设备的完善程度直接影响着英语教学活动的开展。好的教学设施，如教学楼以及图书馆等有助于增强学生的学习意识。一些语音教室和多媒体设备可以为学生的英语口语学习提供必要的技术支持，学生可以通过语音教室等提高自己的口语水平。这些设施也在一定程度上缓解了学生的学习疲劳，有助于激发其英语学习兴趣。总之，这些现代化的教学设备为英语教学提供了很好的环境。

2. 教学信息

现代化的教学设施不仅可以为学生提供一些学习工具，还可以拓宽学生获得信息的渠道。学生的英语知识不仅可以通过课本获得，还可以通过互联网等来获取。英语学习需要实践，只在课本中学习英语是不可能从根本上提高英语水平的，因此，现代信息网络技术为英语学习提供了很好的信息来源，使学生能够通过互联网等与外界进行交流与学习。

3. 教学内容

教学内容是指在教学活动中为实现教学目标，师生共同作用的知识、技能、技巧、思想、观点、概念、原理、事实、问题、行为习惯等的总和。教学内容是一种特殊的知识系统，既有别于语言知识本身，又不同于日常经历；既要考虑英语学科本身的知识体系，又要考虑学生的年龄特点和实际需求等。通常来讲，教学内容主要有以下五个方面。

（1）语言知识

英语综合运用能力的有机组成部分之一就是英语语言知识。语言知识是语言学习和语言运用的重要内容之一，英语语言能力的形成是以语言知识为基础的。

（2）语言技能

英语语言的技能主要包括听、说、读、写四个方面，它们是形成综合语言

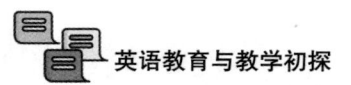

运用能力的基础和必要手段。听的技能就是分辨和理解话语的能力；说的技能就是运用口语表达思想、输出信息的能力；读的技能是指辨认和理解书面语言的能力；写的技能主要指运用书面语表达思想、输出信息的能力。在大量听、说、读、写等专项和综合性训练中，学生将会形成对这几种技能的综合运用能力，为真实的语言交际奠定基础。

（3）情感态度

情感态度是指兴趣、动机、自信、意志和合作精神等影响学生学习过程和学习效果的相关因素。积极的情感态度有利于发挥学生潜在的各种技能；相反，消极的情感态度会阻碍语言学习能力的养成。因此，教师在教学中应不断激发并强化学生的学习兴趣，引导他们逐渐将兴趣转化为稳定的学习动机，从而形成积极的情感态度。

（4）文化意识

文化意识是指所学语言国家的地理、历史、风土人情、传统习俗、生活方式、文学艺术、行为规范、价值观念等。对于英语学习者来讲，接触和了解英语国家的文化可以加深其对英语语言的理解，提高其人文素养，培养其世界意识。因此，教师在英语教学中要注重对学生文化意识的渗透，根据学生的年龄特点和认知能力传授文化知识，培养其文化和世界意识。

（5）学习策略

学习策略是指学生为有效地学习和发展而采取的各种行动和步骤。英语学习策略主要包括认知策略、调控策略、交际策略和资源策略等。培养学生的学习策略可以促使他们进行有效学习，并能为终身学习奠定基础。好的学习策略可以改进学习方式、提升学习效果，还能使学生学会如何学习，从而形成自主学习的能力。因此，教师要帮助学生形成自己的学习策略，对自己的学习过程和效果进行监控和反思，培养学生根据学习风格调整学习策略的能力，引导学生善于观察他人的学习策略，乐于尝试不同的学习策略。

4. 教学方法

教学方法是教师和学生为了实现共同的教学目标，完成共同的教学任务，在教学过程中运用的方式或手段的总称。从古至今，英语教学中出现过不少教学方法，并且它们都在英语教学中发挥过作用。然而，事实证明，教学方法没有最好的，只有最有效的。具体来说，英语教学中采用固定的、一成不变的方法，将会引起学生的反感，也会降低外语教学的效率。如果在一堂课上只使用一种教学方法，学生也会感到单调、乏味。因此，英语教学所采用的方法应具有灵活、多样等特点,要对各种语言技能有所侧重,这样才能全面提高英语学习能力。

5. 教师因素

教师是高校教育教学中"教"的主体,在整个教育过程中发挥着主导作用,对学生的课堂学习质量有着最直接的影响。杨先明、徐晓红(2004)认为,教师对教学质量的影响因素有教师自身业务水平、教师的职业精神、教师的教学水平、教师的理论水平、创新能力和精神等。尹明忠(2009)认为,教师的职业道德、个性特质、思想观念、知识能力以及其他相关能力是影响教学效果的重要因素。他指出国外研究表明,教师的个性特征对教学效果有着非常明显的影响,热情洋溢、善解人意、富有效率和想象力的教师的教学效果远比那些个性冷漠、散漫,行为轻率且单调乏味的教师要好得多。教师的思想观念包括教师的知识观、教学观和师生观。树立科学的思想观念,创建学习共同体和融洽的师生关系,能从根本上保障教学质量。教师的知识能力包括科学和人文素养、工具性学科知识和技能、教育学科知识和技能、专业知识和技能。这些知识和技能对教学效果的影响是根本性和基础性的。其他相关能力包括管理意识和能力、交往意识和能力等。

杨春辉(2012)认为教师的专业化程度、教师的教学设计和理念、课堂教学技巧和教学风格都是影响教学质量的重要因素。教师的专业化程度是指教师对一门学科知识的充分把握和正确传授知识;教学设计是教师以以往的教学经验为依据,在目前教学目标的引导下制订的可行的教学计划;教学技巧是指教师在教学过程中能根据学生的具体情况组织实施教学;课堂教学风格与教师的教学技巧、个人的性格和行为表现等都息息相关。教师在教学中要关注学生,提高专业化程度,实现教学技能多元化,形成自己的教学风格,为学生创造一个宽松、愉快的学习环境,营造一个有利于学生学习创新的自由氛围。

其实,上述研究中的影响因素可以总结为教师的智力因素和非智力因素。智力因素主要指教师的知识结构和创造力,包括专业理论和基本知识、教育科学理论和基本知识以及相关学科的理论和知识等;非智力因素主要包括智力因素之外的心理因素,如性格、动机、信念、责任感、求知欲、热情、毅力等因素。

近年来,很多研究者开始探讨教师的非智力因素对教学效果的影响,如杨玮丽(2010)认为非智力因素中教师的性格是影响教学质量的一个重要因素,教师应调整自己的情绪并完善性格,以便更好地促进教学质量的提高。她认为在民主型的老师的教导下,学生性格开朗活泼,对老师、同学态度好,又自信。在放任型的老师的教导下,班集体松散,缺乏核心,是非观念不清,同学间缺

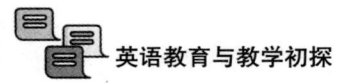

少有组织的活动，学生易形成自由散漫、缺乏友爱、不守纪律的习惯。在"过分权威"的老师的教导下，学生会有虚伪、圆滑的性格，老师在一个样，老师不在又是一个样，极端的会形成师生对立关系，产生反抗性格。教师要善于调整自己的情绪，用生动、活泼、风趣的语言，让学生在不知不觉中全身心投入学习。喻平（2007）则认为教师的认识信念系统对教学有重要影响。教师的认识信念系统是一个涉及知识信念、认知信念、文化信念、学习信念以及对信念的自我调节等因素的复杂结构。教师认识信念的形成受到个体的学习活动经验、科学观和社会环境的影响。教师的认识信念会直接影响其教学理念、教学设计、教学行为、教学组织以及教学评价，同时又会通过教学过程将自己的认识信念传达给学生，对学生的学习产生间接影响。陈丽华（2015）提到，国内外不少研究表明，教师效能感，即教师对自己影响学生学习行为和学习成绩的能力的主观判断，会影响学生学习的积极性、学习兴趣、学习态度、期望价值、自我效能和情绪情感，从而影响学生的学业成就。

除了智力因素和非智力因素外，刘红云、孟庆茂（2002）对高校181名教师的教学效果进行调查，用多层次分析法对教师背景变量，如教师的性别、年龄、学历、职称、所教专业、年级、班级大小以及课程类别，对教师教学效果的影响程度进行了分析。研究结果表明，教师背景变量中教师的性别、学历、专业以及所教班级的大小对于教师教学效果没有显著影响；教师的职称、年龄、所教学生年级、课程类别对教师的教学效果有显著影响。

6.学生因素

（1）学生的角色

英语教学应面向全体学生，为学生全面和终身发展奠定基础，以学生学习方式为核心，强调对学生学习愿望、学习习惯和学习能力的培养，倡导学生培养积极主动的学习方式，关注学生的自我评价、评价激励、反馈和调整功能。教学中学生所扮演的角色主要有如下几个。

①主人。学生是学习的主体，也是教学活动的主体。学生对知识的探索、发现、吸收和内化等实践，不仅有助于学生逐步构建自己的知识体系，而且有助于学生形成科学的世界观、人生观和价值观。

②参与者。教师在英语教学中应激发学生的学习兴趣，激发学生的参与积极性，让学生乐在其中。在学习过程中，学生应充分思考、积极参与、表达观点，展示个人才能，保持浓厚的学习热情。

③合作者。英语学习是在师生、生生之间进行的，学习过程也是团队合作的过程。学生在学习过程中互相学习、彼此促进、共同提高。协商与互助使每个人都能感受到集体的力量和团队合作的精神。

④反馈者。在英语教学中，学生会根据自身的学习经历以及教学法的适用性向教师提出建议，协助教师就相关问题改进和完善教学内容和教学方法，以此促进英语教学发展。

（2）学生的个体差异

教育的根本目的在于培养人，这就要求教育者必须掌握学生生理、心理的发展规律和个体差异。学生的个体差异，尤其是学习动机、学习态度以及自身性格等方面的差异，使他们理解和掌握新知识的速度和程度不同。根据学生的个体差异制订教学计划，选择适合的教学材料和方法，具有重要的教学实践意义。

①认知风格。认知风格是指人在信息加工（包括接收、储存、转化、提取和使用）过程中表现出来的认知组织和认知功能方面持久一贯的风格，既包括个体知觉、记忆、思维等认知过程方面的差异，又包括个体态度、动机等人格形成和认知功能与认知能力方面的差异。不同的学习个体，其认知风格也有所不同，并且不同认知风格具有不同的优势和劣势。但是，这并不代表学生的学习成绩有差别。不同的学生有各自偏爱的信息加工方式，在学习不同材料时也会各有所长。不过，当学生的认知风格与教师的教学风格以及学习环境中的其他因素相吻合时，学生的学习成绩会更好。认知风格对学生选择学习策略和教学策略也有影响。因此，教师在英语教学中应该了解并尊重学生的不同认知类型，针对不同的学习任务、学习环境因材施教，妥善引导，将自己的教学特点与学生的需要联系起来，进而取得良好的教学效果。

②语言潜能。语言潜能是指学习外语所需的认知素质，或者说是学习外语的能力倾向，即一种固定的天资。努力提高学生的外语素质就是要培养学生的综合语言运用能力，而语言潜能正是就学生的认知素质来预测其学习外语的潜在能力。不同的学生，其语言潜能也存在着一定的差异。在英语教学过程中，教师应了解学生的语言潜能，进而因材施教，使学生针对不同的学习任务在不同场合发挥各自的长处，以收到事半功倍的教学效果。

③情感因素。学生在英语学习过程中受到个人情感因素的影响，如性格、态度、学习动机等。其中，性格指一个人对现实的态度和行为方式所表现出的比较稳定但又可变的心理特征。性格不仅是学生的重要情感因素，而且是决定学生外语学习成功与否的关键因素之一。态度是个体对待他人或事物的稳定的

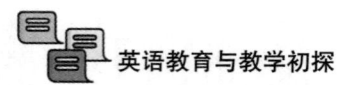

心理倾向或为达到某种目的而做出的一定努力。态度一般包括认知成分、情感成分和意动成分三个方面。其中，认知成分是指对某一目标的信念；情感成分是指对某一目标的好恶程度；而意动成分则是指对某一目标的行动意向及实际行动。学习动机是指激发个体进行学习活动、维持已引起的学习活动，并使行为朝向一定的学习目标的一种内在过程或内部心理状态。学习动机是直接促进学生进行外语学习的内部动力，对外语学习成绩有着重要影响。

（3）成功的语言学习者应具有的特点

①认真并愿意听教师讲课，坚持做笔记，对教师讲过的单词、短语、句子和课文等定期复习。②具有冒险精神，能大胆地运用所学知识，不怕犯错，对于教师的纠正有较好的态度。③善于思考，可以用英语思维来考虑问题，能将所见所闻与学过的英语知识联系起来。④懂得通过与教师的交际来提高自己的语言水平，主要表现为经常提问、积极发言。⑤有适合自己的学习方法，并且彼此之间存在差异，例如有的学生喜欢早上背单词、课文，有的学生则习惯在睡前背诵单词、课文，因此学习者应该善于寻找和琢磨适合自己的学习方法和时段。⑥有着长远的学习目标，善于充分利用有限的课堂时间与教师和同学进行交流。⑦懂得安排自己的课后时间，懂得学习英语需要持之以恒。

第二章　英语课程与教学论

现有高校英语课程教学中面临许多问题，其中最典型的就是理论与实践课时比例严重失调。学生学习以应付考试为目的，而缺乏主动学习的热情，结果导致学生理论知识有余、实践技能缺乏。在信息技术快速发展的今天，教学论课程迎来了改革的契机。本章分为课程与教学的概念、课程与教学的关系、课程论与教学论三部分。主要内容包括：课程的含义、教学的概念、课程论、教学论等方面。

第一节　课程与教学的概念

一、课程的含义

课程是教育领域中含义最复杂、歧义最多的概念之一。不同的人在不同时代、不同实践背景中对课程含义的理解是不同的。

（一）课程概念的词源

从词源的角度来分析课程概念，我们可以更深入地把握其内涵及发展。据考证，"课程"一词在我国始见于唐代。唐朝孔颖达为《诗经·小雅·巧言》中"奕奕寝庙，君子作之"句作疏："维护课程，必君子监之，乃得依法制。""课程"一词在这里的意思为"寝庙"，用来比喻"伟业"。南宋朱熹在《朱子全书·论学》中多次提及"课程"，如"宽着期限，紧着课程""小立课程，大作工夫"等。这里的"课程"是指功课及其进程；这与现在很多人对课程的理解较为相似。

在西方，较早使用"课程"这一术语的是17世纪捷克著名教育家夸美纽斯。夸美纽斯从泛智论立场出发，要求"把一切知识教给一切人"，开设包括语言、

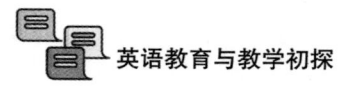

自然科学和社会科学在内的百科全书式课程。英语中的"课程"（curriculum）一词是从拉丁语"currere"一词派生出来的，意为"跑马道"，指赛马场上的跑道，转义作为教育上的术语，意味着学习者的路线、学习的进程（course of study），简称"学程"。在英语国家，英国实证主义哲学家赫伯特·斯宾塞在其论文《什么知识最有价值》中最早使用"课程"一词。斯宾塞与夸美纽斯都把"课程"理解为知识或学科。之后，课程这一概念被西方教育者所普遍采用。

（二）常见的课程定义

有关"课程"的定义可谓五花八门，因而多年来教育与课程理论工作者对此从未达成共识。1973年，鲁尔发现，有关"课程"的定义已经多达119个。在这以后，仍然有许多学者不断地给"课程"下新的定义。这些定义大致可分为以下几种。

1. 课程即科目

把课程等同于教师所教和学生所学的学科或科目，看作学校课程表上的科目或科目的总和，是古今中外普遍存在的一种认识。例如，《辞海·教育心理分册》对课程的界定是，"教学的科目，可以指一个教学科目，也可以指学校的或一个专业的全部教学科目，或指一组教学科目"。《中国大百科全书教育》也将课程定义为"所有学科的总和"，这种观点强调，学校教育要向学生传授系统的学科知识。因此，教师要精心选择和安排教学内容，而学生则要掌握"教程"规定的内容。

这种观点有利于学生掌握系统的知识和学科体系，但是它侧重知识本身的重要性和系统性，忽视了对学生的心智和个性发展、情感陶冶等方面有意义的课程资源，对学生的经验、兴趣爱好不够重视。而且，它在一定程度上把学习内容与学习过程割裂开来。

2. 课程即目标或结果

将课程看作教学过程要达到的目标、教学的预期结果或教学的预先计划。持这种观点者重视教育的计划性，认为课程目标是一系列教学活动的核心，应事先确定一套有结构、有序列的学习目标，然后围绕目标开展教学并进行评价。博比特、泰勒、加涅等著名学者都持这种观点。泰勒根据"八年研究"的结果，在他的著作中系统阐述了"课程即目标"的概念，并提出了著名的目标模式。

"课程即目标"理念的操作性较强，对课程理论和实践产生了深刻的影响。但它侧重教育的预先计划性，容易忽视教育情景的动态变化，也容易忽视目标之外的有价值的非预期结果。

3. 课程即计划

这种观点把课程看作教育计划或教学计划，计划中包括了教育教学目标、内容、活动和评价等。例如，钟启泉教授在《现代课程论》一书中认为，"课程是旨在遵照教育目的指导学生的学习活动，由学校有计划、有组织地编制的教育内容。从学校的教育计划这个侧面出发，也可以归纳成这样一个定义：旨在保障青少年一代的健全发展，由学校所实施的施加教育影响的计划"。

将课程看作计划强调了课程的目的性和计划性，有可能忽视教学过程中具体教育环境的变化。

4. 课程即学习者的经验或体验

这种课程观点将课程看作学习者在教师指导下所获得的全部经验或体验，以及学生自我获得的经验或体验。经验是学生在对所从事的学习活动的思考过程中形成的，是学生真正体验到的意义。与前面几种观点不同的是，这种观点将学生的直接经验置于课程的中心位置，重视其兴趣、爱好、需求和个性，改变了课程中"见物不见人"的倾向。重视学生与周围环境的互动，重视教学环境的设计与创造。它兼顾了课程过程与结果、预期的和非预期的经验。

美国著名教育家杜威是课程经验或体验观念的主要倡导者。杜威的进步主义教育思想强调儿童的兴趣、需要和个性，主张把课程视为儿童在教师指导下获得的经验。受杜威的影响，许多人持这一观点。

重视儿童兴趣爱好，往往难以兼顾知识的系统性和条理性，因而这种观点倾向于忽略系统知识在儿童发展过程中的意义。

（三）新近的观点

1. 过程化的课程观

对课程概念的理解总是与一定的时代、实践背景、价值取向和哲学假设相联系。20世纪70年代，美国兴起的"概念重建主义课程范式"对课程进行了重新诠释。概念重建主义者认为，以往的课程观把课程看作事先确定的目标、内容、计划等，强调统一性，强调对知识的服从和机械记忆，不鼓励批判精神，导致学生目光短浅、视野狭窄等。实际上，课程不是预先设计的一成不变的文本，课程目标也不是预先设定的，而是形成性、创造性、动态变化的，课程是开放的、动态的、过程性的，是在教学过程中通过教师、学生与情境的交互作用形成的。所以，我们应该重新思考和构建课程的本质。

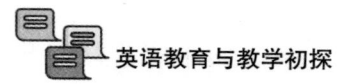

"概念重建主义"的核心是追求"解放理性"和权利赋予。它把课程看作动态的、过程性的，意味着重视师生在构建课程中的意义，强调教师与学生能够自主地从事课程创造，在不断自我反思和彼此交往的过程中实现自由与解放。

受"概念重建主义课程范式"思潮的影响，许多课程学者对课程的词源"currere"表现出浓厚兴趣，因为"currere"原意指"跑的过程与经历"，它可以把课程的含义表征为学生与教师在教育过程中的鲜活的经验和体验。与名词的"课程"（curriculum）相比，"currere"是"过程课程"。也就是说，对课程概念的理解由过去重视静态的目标、内容和计划，转向开始重视动态的课程过程，由强调"跑道"的内容转为重视"跑的过程"。

2. 强调隐性课程的价值

显性课程，是指学校有计划地组织、实施的正式课程或官方课程，其一直是人们关注的焦点。隐性课程是指教育环境对人的潜移默化的影响，即学生在学习环境中无意识获得的知识、情感、态度、价值观及社会规范等。在英语学习中，学校的英语学习氛围、校园英语环境、师生关系等都对学生英语运用能力和个性发展起着潜移默化的影响，都属于隐性英语课程。我国学生的英语学习是外语学习，缺乏自然的英语学习环境，因此，除了学校的显性课程，积极利用隐性课程具有积极意义。

上面介绍了一种常见的课程观点。从我国实际情况来看，由于种种原因，英语教师普遍持静态的课程观，把课程看作事先明确规定的外在于教学过程的东西，如课程文件、教材等，对课程过程、隐性课程的重视程度不够。

我国第八次基础教育英语课程改革在一定程度上体现了过程化的课程观，倡导教师积极开发和利用各种课程资源，这些都有利于丰富和更新教师对课程概念的认识。这次课程改革中，国家英语课程标准采用整体设计、灵活开放的分级目标体系，规定了从小学到高中毕业学生要达到的共同基本要求，形成了一共包括九个级别要求的目标体系。

分级目标要求与基础教育阶段的年级不完全对应，各地可以根据国家课程三级管理的有关规定，根据当地的条件和需要适当调整相应学段英语课程的目标。也就是说，课程标准只是规定了应达到的阶段性目标，而对何时达到构成阶段目标的分目标、用什么素材达到目标未做严格的规定和统一的要求，对学习知识点的先后顺序，即先学什么、后学什么也未做严格的规定和统一的要求。同时，课程标准还明确指出，教师应该根据课程标准、教学实际情况创造性使用英语教材。从英语课程标准的上述内容可以看出，新课标已经超越了对课程的静态描述，认识到了课程的动态生成性特点，认可了教师在具体教育情境中的课程调适作用。此外，提倡新课程标准，积极开发和利用教材以外的课程资源，改变学生学习方式，这些对于积极利用隐性课程都有积极意义。

二、教学的概念

教学作为一种活动，贯穿于人类社会的产生和发展过程中。其实早在原始社会它就已经存在了。不过，原始社会的教学还只是融于日常生活之中，与生活本身是一回事，而并非作为一种独立的形态存在。它与"传授""教授""引导""示范"等概念的内涵相似。

（一）教学概念的词源

从词源的角度来考证教学的内涵，有助于我们更深入地把握教学的产生与发展历程。尽管"教学"在我国出现的时间要早于"课程"，但最初并没有"教学"一词，只有"教"和"学"二字。"教""学"二字连用最早是在《尚书·商书·说命下》："斅学半（斅，音 xiao，指'教'）。"据宋朝蔡沈的注释："斅，教也……始之自学，学也；终之教人，亦学也。"说明其词义指的是教师先学后教，在教的过程中又在学的单向的活动，即强调"学"的活动。教学包含"教与学"双向活动的含义始于《学记》提出"教学相长"。《学记》指出："学然后知不足，教然后知困。知不足，然后能自反也；知困，然后能自强也。故曰：教学相长也。"自唐至清的学者多认为，"斅"与"学"二字既有区别，又有联系。

需要注意的是，由于当时的教育活动形式比较单一，"教学"一词的外延极广，几乎等同于全部的教学活动。教学可以说是教育的同义词。真正将"教学"理解为教师的"教"和学生的"学"，最早是在宋代欧阳修为胡瑗先生所作的墓表中："先生之徒最盛，其在湖州学，弟子来去常有数百人，各以其经传相传授，一起教学之法最备……"这里，"教学之法"中的"教学"与我们今天的"教学"含义相近。

在英文中，人们一般用"teaching"和"instruction"这两个意义相近的词表示"教"，其基本含义是教给人以知识、教人做事；而用"learning"表示"学"。与汉语中的"教源自学"有所不同的是，英语中的"teach"和"learn"是由同一词源派生出来的，最早时可以通用。"teaching"和"instruction"两个词绝大多数情况下可以相互替换，但在具体的使用过程中，前者多与教师的行为

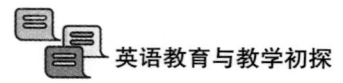

相联系，被视为一种活动；而后者则多与教学的情境有关，被视为一个活动过程。

（二）对教学概念的理解

人们从不同角度理解教学的含义，因而关于"教学"的定义也存在着不同的认识。

1. 教学即教授

从汉字的词源来看，"教"和"教学"两个词有着不同的含义。但是在我国教育话语中，人们往往习惯于从教师、教育者的角度对教学概念加以理解，把"教学"理解为"教"，所以"教学论"似乎就是"教论"。近代班级授课制的出现是导致人们对教学含义的理解由最初的"学"转向"教"的重要原因。

2. 教学即学生的学

有人侧重从学生"学"的角度界定教学，认为教学就是学生在教师指导下，在掌握知识过程中发展能力的活动。学生在学习之后可培养一定的品德。

3. 教学即教师的教与学生的学

这一观点认为，教学即教师教和学生学的活动。教师与学生以课程内容为中介，为了一定的目的共同参与到同一活动中。教学既包括教，也包括学，教师的教与学生的学是同一过程的两个方面，彼此不可分割地联系着。教学的根本目的是促进学生的发展。可见，这种观点超越了单一的"教"和"学"观点。

4. 教学即教师教学生学

有人侧重从教师指导学生"学"的角度界定教学，认为教学就是教的人指导学的人学习的活动。这一定义特别强调教学是教会学生学习的过程，重视学生学习的能力、方法等，强调教学中教与学的关系是教师"教学生学"，而不是并列的"教师教和学生学"。

（三）教学的本质含义

1. 教学是一种交往活动

教学作为人类的一种重要的社会活动，其本质是人与人的交往。这种交往既体现了一般人际关系和语言交际的特点，又具有教育的独特内涵。具体到英语教学之中，就表现为师生及生生之间为实现共同的目的、围绕共同的话题展开对话、交流与合作，从而使学生获得用英语表情达意之能力的发展，以及情感态度、文化意识和学习策略等方面的进步。

2. 教学的本质是意义建构

教学活动旨在促进学生的发展，实现该目的的过程其实就是学生建构新知识的意义及对原有经验进行改造和重组的过程。教学活动和课程内容只有与学生已有的知识和经验相联系，方可实现真正的教学。

3. 教学是有明确目的的活动

教学活动是有目的的活动。其根本目的在于使学生获得知识、技能和身心等多方面的发展。在教学活动中，教师和学生按照一定的目的和要求，以课程内容为中介，通过各种方法进行交流、交往，从而促进学生的发展。

4. 教学是教师教和学生学的统一活动

前文介绍了人们从不同角度对"教学"含义的不同认识。其实，不管从哪个角度认识教学，都不能否认，教学过程中"教"与"学"总是相互联系、彼此制约的，教师的教和学生的学是同一过程的两个方面，两者互相依赖，不可分割地联系着。在课堂教学情境中，教师的教离不开学生的学，学生的学也离不开教师的教。正如市场中的买卖活动，不存在"没有买的卖"，也不存在"没有卖的买"。一句话，教学是教师教和学生学的统一活动，它们是互为前提、相互依存、相辅相成的。国内大多数有影响的对"教学"的界定都反映了这一观点。如《中国大百科全书·教育》指出："教学是教师的教与学生的学的共同活动。学生在教师有目的、有计划的指导下，积极主动地掌握系统的文化科学基础知识和基本技能，发展能力，增强体质，并形成一定的思想品德。"王策三在《教学论稿》中说："所谓教学，是教师教、学生学的统一活动；在这个活动中，学生掌握一定的知识和技能，同时身心获得一定的发展，形成一定的思想品德。"

这里需要注意的是，教学是教与学的统一，不是教与学的简单相加，而是两者的辩证统一。用李秉德的话说："'教学'就是指教的人指导学的人进行学习的活动。进一步说，指的是教和学相结合或相统一的活动。这里要注意的是'结合'或'统一'二词。就是说，只有教或只有学的片面活动，或者只是这两项活动的简单相加而没有什么'结合'或'统一'，都不是我们所说的严格意义上的教学活动。"要使教学真正成为教和学相结合或相统一的活动，教师的教就要遵循学生学习的规律和学生的身心特点。从这个意义上说，学生的"学"是衡量教师的"教"成功与否的标志。

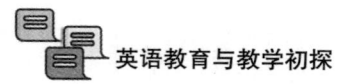

5. 教学活动是师生以课程内容为中介的共同活动

如上所述，教学是教师的教与学生的学相统一的活动，教与学是同一过程的两个方面，而课程内容是连接两者的纽带和中介。师生双方围绕特定内容材料开展活动，因此课程内容及学生的相关体验是教学活动得以实现的必要条件。

第二节 课程与教学的关系

一、国外学者的代表性观点

奥利瓦把课程与教学的关系总结为以下四种模式。

（一）二元论模式

在二元论模式中，课程位于一边，而教学则位于另一边，二者从不相遇，两者之间存在着一条鸿沟。在教师指导下的课堂中所发生的一切似乎与课程计划中所阐述的课堂中应该包含什么并没有什么关系，课程设计者和实际教学工作者互不理睬，对课程的探讨与课堂中实际传授的内容相脱节。在这种模式中，课程和教学相互之间没有什么影响。

（二）连锁模式

在这一模式的每一种形式中，教学和课程的位置没有什么特别的意义，无论在左边还是右边，都暗含着同样的关系。这一模式清楚地说明了教学和课程相结合的关系，如果把一个同另一个分离开来，对两者都会构成严重的损害。

（三）同中心模式

在同中心模式中，相互依赖是同中心模式的主要特点。这一模式中，课程与教学并不是两个独立系统，一个被视为另一个的亚系统，位置的变化意味着当一个实体占据主导位置时，另一个则处于次要的地位。同中心模式中，要么是教学变成了课程的一个亚系统；要么是相反的，即课程纳入教学而变成一个亚系统。这一模式反映了一种清晰的等级关系，在模式 A 中，课程占优势，教学不是一个独立的实体，它从属于课程；在模式 B 中，教学占优势，课程则从属于教学。

（四）循环模式

在循环模式中，课程与教学两个实体具有一种连续的循环关系。课程对教学产生了一种连续的影响,相反,教学也影响课程。教学决策的制定在课程决策之后反过来,课程决策在教学决策实施和评估后被修改。这一过程是连续的、重复的、无止境的。对教学过程的评估影响下一轮课程决策的制定,继而又影响教学决策的实施。课程与教学为两个独立实体,但又不被看成独立实体,而是一个圆体的两个部分,它们之间循环往复,以促使两个实体不断适应与改进。

二、国内学者的见解

在我国,"课程与教学的一体化""课程论与教学论并列论""课程与教学整合论""课程与教学论"以及"大课程论"等主张都有人做专门研究,其中影响较大的有五种观点。

一是大教学论,主张教学论包含课程论。这种观点将课程作为教学内容、将课程论作为教学论的一部分。这一认识来自苏联的教育理论。苏联以凯洛夫为代表的教育家一直把课程作为教学内容来谈,他们的教育学只研究教学内容,不研究课程;只有教学论,没有课程论。由于历史的原因,这种观点在我国的影响相当广泛,至今仍然存在。

二是相对独立论,主张教学论与课程论各自独立。这种观点认为课程论是与教学论并列的教育学的一门独立的分支学科,二者各有不同的研究对象和任务,但又紧密联系。课程论和教学论在研究领域上有一定的交叉是正常的,课程论和教学论的任何一个学科在研究上取得突破,都会影响另一个学科的研究和发展。

三是大课程论。大课程论认为教学是课程的一部分,对教学的研究是课程论的重要组成部分。在英美教育文献中,"课程"与"教学"两个概念常常是交互使用的,泰勒等学者都是把教学作为课程的一部分来看待的。这种观点认为课程作为一种客观存在,是不能与教学分离的,其"本质上是一种教育进程",而教育进程则包含了教学过程。

四是课程与教学整合论。这种观点认为课程在本质上是一种教学事件,教学在本质上是一种课程开发过程。把课程与教学截然分开,使一方控制另一方的做法本质上是"工具理性"的产物。以促进学生和教师的发展为宗旨的教育应既保持课程与教学的相对独立,又使二者内在统一。它们"最终是会走到一起来的。毕竟它们本来就是指向几乎同一个事物,区别只在于视角和侧重点不同而已"。

五是课程与教学一体化论。这种观点认为课程论与教学论是密不可分的,

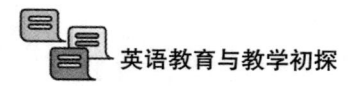

不能孤立地存在，必须把它们综合起来进行整体性研究，关注课程与教学过程中的一系列相互作用。因为课程与教学之间的分裂状态在学校的课程教学实践中必然会被打破，所以，应把课程与教学综合成一个问题而不是把它们分成孤立的问题来进行研究。

三、课程与教学走向整合

课程与教学的关系问题一直是困扰现代教育理论与实践的重大问题。国内外学者经过课程与教学、课程论与教学论关系问题的讨论已初步达成一些共识：课程与教学密切关联。课程强调每个学生及其学习的范围，教学强调教师的行为；课程与教学存在着不仅仅是平面的、单向的而是相互依存的交叉关系；课程与教学不可能在相互独立的情况下各自运作。

正像大教学论不能很好地反映课程问题一样，大课程论也不能很好地反映教学问题。教育的发展历史从注重"怎么教"走向了注重"教什么"，今天已开始走向这两个问题的融合。而这种融合并非简单地将教学论包含在课程论之中，而是要走向整合。这种整合的结果是形成一种新的概念、新的领域，但同时又将保留原有的课程论与教学论的相对独立的领域。我国国务院学位委员会、国家教委在1997年颁布的培养研究生的学科、专业目录中，将"课程与教学论"作为教育学学科下属的一个专业就反映了这种理论认识。

在国内，张华对课程与教学的整合研究具有一定的代表性，他的基本观点如下。

①课程与教学过程的本质是变革。课程与教学过程的进行包含着对内容的某种方式的变革，从对学习者的作用看，这种对内容的不断变革与其说是手段，不如说是目的。用"变革"的观点看课程，课程就不只是"内容"，而是"关于内容的理论"；用"变革"的观点看教学，教学就是教师和学生在具体教育情境中对内容做出根本变革的过程，也就是内容创造与意义建构的过程。正是在这种"变革"中，课程与教学整合为一体。

②教学作为课程开发过程。在课堂情境中，教师的主体性充分发挥的过程就是教师"创作"课程事件或"创生"课程的过程；而当学生的主体性充分发挥并积极参与到课程创生过程中的时候，实际上也是在"创作"课程事件。在与课程事件的相互作用中，在完成任务的过程中，学生创生着自己的"体验课程"，以其特有方式建构着意义。

③课程作为教学事件。"课程作为教学事件"与"教学作为课程开发过程"是一个问题的两个方面。"课程作为教学事件"是课程与教学整合的另一视角。当"体验课程"取代"制度课程"而成为教育的核心的时候,课程不再仅仅是静态的书面文件,而是教师与学生在教育情境中不断生成的活生生的经验。在课堂教学情境中,教师与学生不断创造着、解释着课堂事件,在这一过程中内容不断变革、意义不断生成。课程正是这一系列课堂教学事件及由此实现的内容的变革与意义的生成。从这个意义上说,课程是动态的过程,是不断变化的课堂教学事件。现代教育中的二元论思维方式是造成课程与教学分离的认识论根源,这种根源有着广泛的社会背景和现代科学基础。20世纪的教育是以课程与教学的分离为特征的。其实,早在20世纪初,杜威就系统地提出了整合课程与教学的理念。21世纪初,重新整合课程与教学已成为时代的要求,课程与教学呈现融合的态势。对于课程与教学整合的新理念及相应的实践形态,美国学者韦迪用一个新的术语来概指,这就是"课程教学"。

第三节 课程论与教学论

一、课程论

(一)课程论的发展历程

一般认为,1918年美国学者约翰·富兰克林·博比特的《课程》一书是人类历史上第一本课程理论专著。该书的问世使课程成了一个专门的研究领域,标志着课程论的诞生。不过,我国的一些学者认为,杜威在1902年出版的《儿童与课程》在课程论学科发展史上具有重要的意义,该书与博比特的《课程》共同标志着课程论作为独立学科的诞生。另一位美国学者查特斯也对课程研究产生了重要影响,他写作了著名的《课程编制》一书。博比特和查特斯两人深受"工业主义"与"科学的方法和技术"的影响,主张把"科学管理"和"效率即科学"的理念运用到课程中,他俩被认为是"科学的课程编制的开创者"。美国课程理论专家泰勒在1949年出版的《课程与教学的基本原理》一书,发展了博比特和查特斯的科学主义课程开发思想,奠定了现代课程研究领域的理论构架。泰勒提出了课程论的四个基本问题:学校应该达到哪些教育目标?提供哪些教育经验才能实现这些目标?怎样才能有效地组织这些教育经验?我们怎样才能确定这些目标正在得到实现?这四个问题即课程的目标、内容、组织方法和评价。它们被认为是课程开发与设计的永恒范畴。这四个问题融为一体，构成完整的课程模式。塔巴、惠勒、奥利瓦等人发展和完善了泰勒的课程模式。该模式对世界包括我国的课程研究与实践产生深远的影响。尽管后来"实践性课程""理解课程""概念重建课程""后现代课程"等在国内也产生一定影响，但从根本上说，泰勒的目标模式是世界上课程研究和实践中应用得最为广泛的模式，在我国也是如此。

（二）课程论的研究内容

关于课程论的研究内容这个基本的、影响深远的问题，虽然已有不少探讨，但仍是众说纷纭。不过，一般认为，课程论探讨的基本问题是"为何教"和"教什么"的问题，具体说来有以下几方面。

1. 课程目标

课程论首先探讨课程实施是"为了什么"的问题，即要确定课程目标。通常，要基于对学生、社会发展和学科发展需要的研究，确定课程的目的和任务，明确"为什么教"的问题。课程目标的物化形式是课程计划和课程标准。

2. 课程内容的选择与组织

针对课程内容的研究通常包括内容的选择与组织。关于课程内容的选择，主要探讨了依据学生发展和社会发展的需要，应选择哪些方面的内容来达到课程目标的问题。课程内容通常指学生需要学习的事实、概念、原理、技能、策略、方法、态度及价值观念等，如英语的语言知识、功能、话题、技能、学习策略、情感态度、价值观、文化意识等。课程内容的组织主要探讨如何在一定的教育价值观指导下，将所选出的各种课程要素合理地排列组合，妥善地组成课程结构，使之在动态运行中产生合力，使学习产生累积的效应，以有效实现课程目标。课程内容的物化形式是以教科书为代表的教学材料。

3. 课程实施

课程实施就是将课程方案付诸实践的过程。对课程实施的研究旨在探讨如何根据具体的教学情境实施课程方案，实现教师、学生、教材和环境的交流和互动，进而达成课程目标。其中涉及教师的角色定位、课程资源的开发利用等。

4. 课程评价

课程评价探讨课程的目标、内容、结构和实施以及课程整体对学生发展和社会发展的适应程度，同时也探讨课程评价本身的适宜性问题。

二、教学论

（一）教学论的历史发展

在西方，教学理论的形成和成熟要比课程理论久远。第一个较为系统地思考教学理论问题的是德国教育学家拉特克，他在1612年向法兰克福诸侯呈献学校改革的奏书中，就自称是"教学论者"。拉特克认为，教学论是以教学的方法、技术问题为中心的，其重点在于探讨如何使所有的人最容易、最有效地获得知识和教养。而教学论成为教育学的一个独立研究领域，公认的标志是1632年捷克的夸美纽斯的著作《大教学论》的出版。夸美纽斯把"教学论"称作"把一切事物教给一切人的艺术"，认为这种艺术的根本就是"自然秩序"。其中首先是"学生的天性"，教学要适应儿童的天性。之后，法国的卢梭和瑞士的裴斯泰洛奇继承和发展了夸美纽斯的自然适应的教学思想。裴斯泰洛奇明确提出把对心理发展的研究作为教学总原则的基础，成为"教学心理学化"的先驱。他提出的"教育的心理学化"思想推动了教学理论科学化的进程。德国哲学家、心理学家、教育学家赫尔巴特又继承并进一步发展了"教学心理学化"的思想。他把观念心理学中的"统觉"原理运用于教学中，阐明了教学的任务是培养多方面的兴趣，首创了教学过程的"形式阶段"理论，提出了教学的教育性原则。赫尔巴特的《普通教育学》标志着教学论独立体系的形成。

赫尔巴特的教学论强调教师对教学过程的控制作用，对学生主体性的发挥不够重视，从而陷入"教师中心论"；同时，过于强调学科的重要性，对学生的经验不够重视，从而又陷入"学科中心论"。美国教育哲学家杜威批判了赫尔巴特教学论的上述缺陷，提出了"教育即经验的不断改造""教育是一个社会化的过程""教育即生活""教育即生长"四个教育哲学命题，并继而形成了他的教学论主张。

二战以后，世界范围内形成了"三大新教学论流派"，即苏联教育家赞科夫的"发展性教学论"、美国心理学家布鲁纳的"发现教学论"、德国教学论专家根舍因和克拉夫基的"范例教学法"，在教学实践中产生了深远的影响。它们的共同特点是通过改革课程结构和教学体制，培养儿童的智力，进而推动其个性发展。另外，保加利亚教学论专家洛扎诺夫的暗示教学法主张在教学中利用学生的无意识，对英语教学实践也产生了深远的影响。

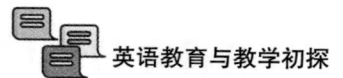

（二）教学论的研究内容

1. 教学过程

教学过程是达到教学目标的途径。对教学实践中的很多问题如何解决和解决得好不好，都取决于对教学过程的理解。对教学过程的研究涉及教学过程与儿童身心发展特点，也包括对教学模式的探讨。具体如教学过程的结构、环节、阶段、程序等。

2. 教学方法

教学方法也是教学研究的重要组成部分。在英语教学的历史长河中，教师摸索出很多教学方法，对这些方法加以梳理、论证，进而提炼出一定的理论，可以指导教师更好地理解英语教学，并选择、运用好的教学方法开展英语教学。

3. 教学评价

检查和评价教学效果是英语教学过程中不可缺少的一个环节，同样也是英语教学理论研究中的重要组成部分。

第三章 英语教学的理论基础

重视语言积累、主张厚积薄发，是传统教学法中最闪亮的东西。语言积累是一个从音、形、义到情、思、境等方面进行感悟、体验、吸收、内化、激活、运用的教学过程，这个过程实际上就是一个"习得"和"学得"相整合的语言生成和转换的过程。本章分为英语语言教学的理论基础和英语教学法的理论基础两部分。主要内容包括：比较语言学、理论语言学、社会语言学、应用语言学、结构主义语言学、第二语言习得理论等方面。

第一节 英语语言教学的理论基础

一、比较语言学

比较语言学，又称历史比较语言学，是把有关各种语言放在一起加以共时比较或把同一种语言的历史发展的各个不同阶段进行历时比较，以找出它们之间在语音、词汇、语法上的对应关系和异同的一门学科。利用这门学科一方面可以研究相关语言之间结构上的亲缘关系，找出它们的共同母语，或者明白各种语言自身的特点对语言教学起到促进作用；另一方面，可以找出语言发展、变化的轨迹和导致语言发展、变化的原因。19世纪它就广泛地应用于印欧语的语言研究中，取得了很大成就。奠基人是德国语言学家格里木、葆朴和丹麦语言学家拉斯克。

比较语言学起源于18和19世纪的欧洲，研究重点是印欧语系诸语言的语音系统。1808年，卡尔·威廉·旆勒格尔发表了题为《论印度人的语言和智慧》的学术论文。他强调语言内部结构方面的研究，指出梵语和拉丁语、希腊语、日耳曼语等在词汇及语法关系方面有着亲缘关系，并首次使用了"比较语法"这一术语。拉斯克在1811年出版了一本讨论古北欧语的语法书，1830年又出

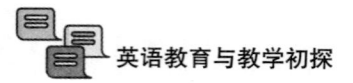

版了一本讨论古英语的语法书。在这两本书中他首次使用语音对应关系来比较不同语言中的词源形式。后来的"格里木定律"中的各种对应关系实际上是由拉斯克首先提出并用例子加以证明的。格里木1822年出版的《德语语法（第二版）》用较大的篇幅来讨论字母，阐述了德语与其他印欧语言之间的语音对应关系。他所发现的这些语音对应规律被后人称为"格里木定律"。葆朴的语言研究目的是找出语言的原始语法结构。他在《比较语法》一书中宣称，他的目的在于对有关语言进行比较描写，探索支配这些语言的规律及其曲折变化的起源。就是在探索原始语法结构的过程中，他发现了比较语法的原理。

二、理论语言学

一般把研究某种具体语言的语言学称为汉语语言学或英语语言学等，把侧重理论探讨的称为理论语言学。理论语言学同语言学的其他分支学科一样，是一门十分严谨的学科。理论语言学一般注重考察人类语言的共同规律和普遍特征，而不是学习研究某一门具体语言。这是它与现代汉语、古代汉语和现代英语等具体语言课程或学科的重要区别。它是从具体的语言现象中总结、归纳出普遍的、系统的理论和规律，并用这个理论指导各个具体语言的学习研究。其内容包括语言的本质、构成、意义以及如何使用。分支主要包括语音学和音位学、词汇学、句法学和语义学。语言学理论可以有效地帮助我们正确、科学、全面地认识语言。语音学研究语音的物理属性、人类发音的方法、语言感知的生理过程，主要内容包括语音的发音机制、元音、辅音、语言的韵律特征等；音位学则研究一种语言有多少个不同的音，这些音彼此之间的区别和关系，主要内容包括音位和语音的区别；词汇学研究词的构成及变化规律；句法学研究句子的结构；语义学则研究词的意义以及同义、反义、上下义等语义关系。这些学科的研究成果都可以直接地应用于英语教学的实践之中。

三、社会语言学

社会语言学是20世纪60年代在美国首先兴起的一门边缘科学，它是运用语言学和社会学等学科的理论和方法，从不同的社会科学的角度去研究语言的社会本质和差异的一门学科。社会语言学主要研究社会的各层面（包含文化准则、社会规范或对话情境）对语言运用的影响以及语言对社会的影响，侧重于社会对语言的影响，因而不同于侧重于语言对社会的影响的语言社会学。社会语言学的研究内容与语用学非常相似。从传统意义上来说，社会语言学也与语言人类学非常相近。具体来说。社会语言学研究不同社会群体（如不同族群、宗教、社会阶层、性别、教育程度、年龄等）所使用的语言的不同，以及这些社会属性是如何被创造出来，并用来区分一个人在社会阶层中的地位的。美国社会语言学家海姆斯提出，社会语言学的重要研究目标有三项：①既有社会目标又有语言目标；②社会现实的语言学；③社会构成的语言学。海姆斯特别强调社会语言学的研究目标应该具有广泛性、跨学科性和多学科性。

四、应用语言学

19世纪初，语言理论方面的研究和应用方面的研究开始分化。19世纪末，库尔德内提出了应用语言学这个概念，但没有得到广泛的关注。20世纪以后，语言学得到了进一步的发展，应用范围空前扩大，语言应用方面的研究和理论方面的研究明确地区分开来，应用语言学这个名词开始被广泛运用，并促成了应用语言学和理论语言学的分化。

应用语言学是研究语言在各个领域的实际应用的语言学分支。它着重解决现实当中的实际问题，一般不接触语言的历史状态，也不大介入一般理论上的争辩。可以说，它是鉴定各种理论的实验场。应用语言学的研究框架，是以语言规划、语言教学和语言信息处理为三大支柱而建立的，通过这三大支柱向其他学科蔓延。这个框架条理清晰地整合了应用语言学的学科性质以及其特有的研究范围。应用语言学自身的特点，决定了其具有独立性、综合性、应用性和实验性这四个显著的特点。既然叫作"应用语言学"，那么就应该更加关注"应用"的角度，更加重视应用语言学与其他学科的交叉点，以此为基础分析应用语言学的种种现象和问题，从中发现规律和方法，建立科学的应用语言学体系。此外，对应用语言学的研究不应该是一种静止的状态，而是应该将其放在动态的语言应用中去，通过对语言应用过程的研究来完成对应用语言学性质的研究。

从某种意义上来讲，凡是与语言学的应用有关的问题和现象，都属于应用语言学的研究范畴，所以广义的应用语言学是语言学在各方面的应用以及各有关实际领域的学问的统称，即指语言学知识和研究成果所应用的一切领域和方面；狭义的应用语言学专指语言教学，特指外语教学和第二语言教学。目前，谈到应用语言学，人们大多是从狭义的角度来说的。应用语言学是语言理论和语言教学实践之间的一座桥梁，对英语和第二语言学习的研究构成了应用语言学的中心部分。比较分析和错误分析方面的理论为语言学的教授和学习过程提供了许多有益的启示，有些比较分析通过对母语和所学语言之间的比较来预测

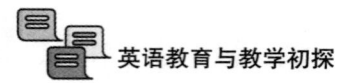

可能出现的难点；错误分析试图对学习者所犯的语言错误进行系统分析，从而知道该怎样改进教与学的方式。教学法研究也是应用语言学的一个重点，语法翻译法、直接教学法、听说教学法、情境教学法、功能教学法、交际教学法都在英语教学领域得到过广泛应用。近年来，应用语言学界又逐渐从关注教学法的研究转移到关注学习者的个体差异方面，包括智力、人格特征、学习方式、学习策略、学习动机、学习兴趣、家庭环境等。语言测试也是人们目前比较关注的问题，尤其是在应试教育盛行的情况下，人们开始意识到应该采用更有效的测试与评估手段，这些测试与评估手段对英语教学形成良性的反作用。英语测试根据其用途可分为多种类型：潜能测试用来预测语言学习的能力；诊断测试用来检查教学中的问题，看学生掌握了什么，还有哪些没把握，并且还要提出补救措施；成绩测试往往根据特定的教学大纲，来检查学生对所教内容掌握了多少；水平测试用来评估学生总的语言能力，以便知道他们能否胜任某一工作。试卷设计的方法、考试分数的计算以及试卷的评估都是应用语言学非常关注的问题。现在人们又开始注意形成性评价在英语教学中的应用，注意评价学生在学习过程中使用所学知识进行学习活动的情况，以便客观地反映学生的进步。

五、结构主义语言学

结构主义语言学兴起并盛行于19世纪末到20世纪中期，其中美国和英国的语言学家对结构主义语言学的研究做出了重要的贡献。

（一）美国结构主义

美国结构主义语言学是从研究美洲印第安人的口语语言开始的。由于印第安人没有文字形式的语言，所以语言学家只能用语言符号把印第安人口头说的话如实记录下来，然后对收集到的口语样本进行不同层面的分析，研究它们的结构和特征。后来，美国结构主义语言学家又利用他们在实践中探索到的"描写"方法研究了英语及其他印欧系的语言。这些语言学家认为，语言可以被看作一个把意义编成语码的系统。这个系统由结构相关的成分组成，包括音位、词素、单词、结构和句型。一个语言系统通常包括以下几个系统。

①在音位系统中，应该对音位、音位变体、音位组合的规则进行描述。还应该对连贯话语中的语音现象（如同化、省音、音的弱化、音的连续、重音和语调）进行描述。

②在词素系统中，应该对词素、词素变体、自由词素和黏着词素等成分和结构加以描述。

③在句法系统中，应该对词的分类、短语分析、直接成分分析和句子的类型进行描述。

美国结构主义语言学家认为，口语作为活的语言，是语言学习者首先应该学习的。而学习口语就应该学习某种语言的"当地人"所说的话，而不是按照一些语法书来刻板固定地学习。美国结构主义语言学家在对语言进行分析和研究的过程中还发现语言有自己的独特结构，不同的语言有着不同的音位系统、词素系统和句法系统。同样，不同的语言在音位系统、词素系统和句法系统中的成分、结构都可能是不同的。因此，在学习语言时需要注意语言的差异性。

由于语言具有差异性的特征，美国结构主义语言学家认为，在学习外语语言时，还会受到母语的干扰和影响。学习外语要克服因外语语言结构和母语语言结构存在差异而产生的困难。如果母语和外语的结构是相同的，那么学习时就很少会产生困难，这样就不需要教师进行教授，只要学生接触语言就可以了。因此，在外语教学中，教师应努力解决以上问题。

当然，要想更好地进行教学，教师应该具有一定的预测能力。而要预测学生学习过程中可能出现的错误和问题，就需要对母语和外语的结构进行对比分析。美国语言学家拉多所写的《跨文化语言学》就是探讨对比分析的代表作。

（二）英国结构主义

英国语言学家在对语言结构特别是句型结构的研究上取得了卓越的成效和显著的成果。对英国语言结构研究做出重要贡献的人物有霍恩比、帕尔默等。英国语言学家的主要研究成果可以从霍恩比所著的《牛津现代高级英语词典》《现代高级英语词典》等著作中看出来。霍恩比在其所著《英语句型和惯用法》一书中归纳了很多英语句型，包括动词句型 25 种、名词句型 5 种、形容词句型 3 种。霍恩比还通过大量的实例说明这些句型的意义和句型与句型之间的转换性。例如，"The flowers cost（me）fifty pence"可转换为"The flowers are fifty pence."；"Most people considered him（to be）innocent"可转换为"Most people considered（that）he was innocent."。与美国结构主义语言学研究不同，英国结构主义语言学家更加强调对语言结构和结构使用情景之间关系的研究。20 世纪 40 年代英国形成了结构主义伦敦学派，其典型代表人物是英国人类学家马林诺夫斯基和语言学家弗斯。马林诺夫斯基根据自己对南海岛屿居民文化的研究，提出了南海岛屿居民的语言只能密切联系其文化才能理解的观点，他

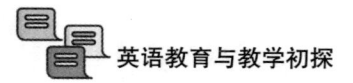

使用"语境"这一术语来指代语言活动进行的自然环境。随后,弗斯在马林诺夫斯基的基础上提出,必须在不同的语境下对语言的各个层面进行研究。弗斯还提出了描述"语境"的三个部分,包括参与者有关特点、相关目的、语言行为的效果。英国学者韩礼德在继承弗斯观点的基础上又提出了他对语言的看法。韩礼德认为,对语言进行描述应该包括三个层面,即实体(声音的或书面的)、结构和语境。语言学研究对应这三个层面的分别是语音和音系学的研究、语法和词汇的研究以及语义的研究。

六、第二语言习得理论

美国语言学家斯蒂芬·克拉申于20世纪70年代提出了著名的语言监控理论。该理论包括五个部分:习得/学习假设、自然顺序假设、情感过滤假设、监控假设和输入假设。下面我们就对这五个部分展开介绍。

(一)习得/学习假设

克拉申认为,"学习"和"习得"不同。"学习"是学习者通过课堂学习等方式有意识地掌握语言规则的过程。语言学习与有意识的系统联系在一起,学习者是通过有意识地学习语言规则和改正语言错误来掌握外语的。而"习得"则是学习者在无意识的状态下掌握语言能力的过程。换言之,"习得"是指学习者在任何场合下都能够迅速、灵活地运用这些规则进行交流。有意识的学习过程与无意识的习得过程是互相独立的。

人们一般认为第一语言是习得的,而外语是学习的。但克拉申则认为,外语也应该而且可以通过习得来获取;学习者可以在自然交际中使用语言来发展语言能力。而语言学习只能监控和修正语言,却不能发展交际能力,只有习得才能够发展交际能力。

(二)自然顺序假设

"自然顺序假设"是在普遍语法和过渡语理论的基础上发展起来的。该理论假设认为,人们对语言的自然习得是按自然顺序进行的,这里的"自然习得"指非正式学习。无论语言学习者的文化背景有多大的不同,他们学习外语时的语法难点都是共同的。换言之,他们几乎有相同的语法习得顺序。有实验证明,在将英语作为第二语言学习时,无论是儿童还是成年人,他们对进行时的掌握一般都早于对过去时的掌握,对名词复数的掌握都早于对名词所有格的掌握。不过,克拉申认为,人们制定教学大纲时并不需要以自然顺序假设为依据。实际上，如果外语教学的目的是让学生习得某种语言能力，就完全可以不按任何语法顺序来进行教学。

（三）情感过滤假设

"情感过滤假设"中的"情感"指的是学习者的动机、需求以及情感状态。这些情感因素对语言的输入具有调节功能，或促进语言输入，或阻碍语言输入，因而又被视为可调节的过滤器。过滤器对语言输入而言是必不可少的，只有通过过滤器，语言输入才能达到语言习得目的，从而为大脑所吸收。外语学习者对所学语言的情感是积极的还是消极的对语言输入的影响很大，积极的情感态度有助于更多地输入目的语，而消极的情感态度则会过滤掉很多目的语。

（四）监控假设

监控假设与习得/学习假设关系紧密，它反映了"语言习得"和"语言学习"之间的内在关系。根据监控假设，语言习得与语言学习的作用是各不相同的。不同之处在于，语言习得系统，即潜意识的语言知识才是真正的语言能力；而语言学习系统，即有意识的语言知识只是在第二语言的运用中起监控作用。这种监控功能既可能发生在语言输出（即说、写）前，也可能发生在语言输出后。但是，要想发挥监控作用还需满足以下三个条件。

①有足够的时间，即语言使用者需要足够的时间才能有效地选择和运用语法规则。

②知道规则，即语言使用者必须掌握所学语言的语法概念和语言规则。

③注意语言形式，即语言使用者必须注意所用语言的形式，考虑语言使用得是否正确。

这种监控作用在不同的语言交际活动中会导致不同的交际效果。在进行口头表达时，由于语言输出的速度相对较快，如果说话人说话的时候过分考虑语法，企图利用语法监控不断地纠正自己的语法错误，说起话来就会结结巴巴，妨碍交际的顺利进行；而在进行书面表达时，由于语言输出的速度相对较慢，且受话人也更关注语言的形式，作者有足够的时间推敲词句、斟酌语法，因此交际效果就会好很多。

（五）输入假设

输入假设是第二语言习得理论的核心。它与学习无关，而与习得相关。输入假设认为，语言使用能力不是教出来的，而是随着时间的推移，经过理想

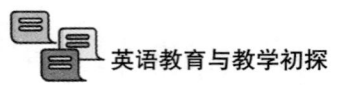

的输入后自然而然形成的。由此可见，理想的输入对语言能力的形成具有重要意义。

理想的输入应具备以下四个特点。

1. 足够的输入（i+1）

"i+1"是克拉申提出的著名公式。其中，"i"代表习得者现有的水平，"i+1"表示语言材料应略高于习得者目前的语言水平。根据这一观点，人们无须刻意输入"i+1"类的语言，而只要习得者能理解输入的材料且达到了一定的量，就意味着已经自动有了这种输入。

2. 可理解性

理想的输入意味着输入的语言必须可以理解，不可理解的输入对学习者不仅无用，而且还会打击学生学习的积极性。尤其是对语言初学者而言，若只听那些不可理解的语言就等于浪费时间。由此可见，可理解性的语言输入是语言习得的必要条件。

3. 既有趣，又有关联

输入的语言材料若具有一定的趣味性，且与习得者的生活有一定的关联，就会增强语言习得的效果。

4. 非语法程序安排

在语言习得的过程中，按语法程序安排的教学活动一方面存在量的不足问题，另一方面也是完全不必要的，重要的是要有足够的可理解的输入。

第二节　英语教学法的理论基础

一、基于行为主义学习理论的听说法

听说法又叫结构法或句型法。这一教学模式主要是建立在行为主义心理学、结构主义语言学等相关学科理论的基础上。

（一）行为主义学习理论

行为主义学习理论是行为主义心理学在学习过程中的具体运用而形成的理论观点，以下介绍的是其主要流派。准确理解和把握行为主义学习理论的主要观点，对于我们正确认识学习行为、养成良好学习习惯、达到预期学习目的有很大帮助，也是我们在教学过程中恰当运用听说法的基础。

1. 试误学习理论

美国学者桑代克是动物心理学、心理学联结主义和教育心理学体系的开创者。桑代克利用迷路圈、迷箱和迷笼等测试工具进行了一系列的动物实验，认为动物的学习过程是由产生刺激的情境与产生正确反应之间通过尝试错误形成的联结来完成的，动物并不具有推理演绎的思维能力，动物的学习方式是通过反复尝试错误而获得经验。

桑代克在1957年出版的《言语行为》一书中提出，人是由动物进化而来的，人类的心理活动只是比动物更为复杂而已。他把从动物的实验研究中得出的结论直接用于解释人类的学习活动，认为人类学习的本质在于加强刺激和反应之间的联结，通过不断重复尝试错误以找到解决问题的办法既是学习的基本形式，也是达成学习目标的必由之路。

桑代克用解释动物简单学习的研究结论来解释人类复杂的学习过程，把复杂的学习过程看成盲目的、消极的、被动的过程，否定了人类学习行为的主观能动性，忽视了人类学习行为的认知特点。尽管如此，桑代克的结论仍有一定的启发意义，机械记忆在知识学习的特殊情况下确实发挥了十分重要的作用，尤其是人在短时间内需要记忆大量英文单词的情况下。

此后，桑代克对他的试误学习理论不断进行补充和完善，进一步提出有效的学习应当建立在学习者对学习内容具有强烈的兴趣和需要的基础上。教师在组织具有重复性、机械性特点的教学内容时，首先要激发起学习者的学习热情，在教学过程中还要注意控制好教学节奏，调整好教学内容的难易程度，避免学习者产生厌倦感从而失去学习信心。

2. 条件反射学习理论

关于条件反射最有代表性的实验是俄国生理学家巴甫洛夫关于狗的唾液的条件反射实验。巴甫洛夫在研究中发现在某一特定的条件和场景下，通过给予重复性的条件刺激使动物对某一非条件刺激产生的反应行为不断得以强化并逐步形成一定习惯，即由非条件反应转化为条件反应，在这个过程中动物是被动接受刺激。在巴甫洛夫看来，条件反射过程最重要的是引起反射的刺激，而不是反射的结果。所以尽管巴甫洛夫和桑代克都在分析刺激与反应之间的联系，但他们对形成这种联系的原因以及对学习过程的解释是完全不同的。

巴甫洛夫把条件反射的获得、消退、恢复、泛化四个特征运用于分析人的语言学习过程中。他认为外部的条件刺激是语言学习的关键，是学习者语言行为习惯得以养成的前提条件，所以语言学习过程就是要在外语与客观世界（事

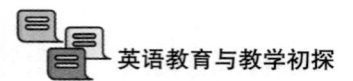

物、观念、概念）之间直接建立条件反射关系。

巴甫洛夫认为由于学习者的母语在外语学习中常被用作翻译和交流的中介，是不利于引发外语学习过程中条件反射的重要刺激，是一个很强的干扰因素，因此在外语学习过程中必须避免过多地使用母语，而要更多地运用实物、图片、教具、课堂教学情境、目的语学习资源等以实现教学目标。

巴甫洛夫的条件反射概念揭示了语言学习最基本的生理机制。此后一些学者将条件反射概念运用到有关儿童语言学习过程的研究领域，认为儿童学习语言的过程就是对周围环境条件进行观察和分析、对周围各种事物的刺激产生反应的过程。借鉴儿童学习语言的特点，条件反射学习理论认为在学习的过程中，应当有计划地、间隔性地为学习者提供语言实践的机会。在课堂教学中尤其强调句型操练，学习者通过不断重复操练，对教学内容的理解和掌握得以不断强化，并最终内化为学习者自己的语言行为习惯。

3. 操作学习理论

20世纪30年代，美国语言学家伯尔赫斯·弗雷德里克·斯金纳提出了操作学习理论，认为语言学习的过程可以理解为一个不间断的"操作"过程。

斯金纳设计了"斯金纳箱"用于研究动物的行为。根据研究结果，他认为人的行为可以分为由外部刺激所引起的应答性行为和由内部因素所引起的操作性行为。另外，斯金纳认为桑代克和巴甫洛夫的研究结论只能用于解释基于应答性行为的学习过程，而他的研究结论主要是用于解释基于操作性行为的学习过程，适用于日常生活中的大部分行为。

"强化"是斯金纳操作学习理论的一个核心概念。斯金纳认为学习者首先主动发出操作行为，然后再给予刺激性的强化，学习行为能否达到预期目的的关键就在于操作之后的"强化"环节。斯金纳把强化划分为积极强化和消极强化两种。学习者主动发出操作行为后，通过在学习过程中被给予一个新的刺激，能使学习行为达到预期目的的概率得到提高，这种刺激就是积极强化；而如果在学习过程中通过排除这个刺激可使学习行为达到预期目的的概率得到提高，这种刺激就是消极强化。

斯金纳认为，对某种行为的积极鼓励是促使其行为产生的有效方法，应当对学习者取得的每一个明显进步都及时给予积极强化，以保持学习者的学习热情，引导学习者形成良好的语言使用习惯。而对某种行为的惩罚是促使其行为改变的有效方法，直到正确的行为发生，但是这种基于惩罚的改变常常伴随着某些负面影响。

斯金纳认为，语言跟人类的其他行为一样，是通过习惯的养成而学会的，需要不断地经过"条件反射"的过程以使这种习惯固定下来。很多学习内容都需要学习者进行反复的、经常的练习，这种练习形式往往是机械式的，练习过程中由于需要不断重复相同的内容常常令学习者难以保持长久的热情。但是这个过程在一定程度上是无法取代的。

（二）听说法

1. 关于听说法

第二次世界大战期间，美国缺少大量的随军口译人员。为迅速解决这一问题，1942年美国政府提出了一个专门面向军队的培训方案。培训方案以语言学家布洛姆菲尔德编写的《实用外语学习纲要》中的主要观点为依据，他认为要想在短时间内迅速掌握外语就必须进行大量的口语训练，而阅读训练只是必要的补充。培训采用短期集中强化的方式进行教学，一是在培训基地创设了封闭的全外语教学环境，学习者的日常学习生活完全沉浸在目的语文化氛围中；二是将实用性较强的口语句型作为主要教学内容，在模仿的基础上通过反复操练的练习方式，以达到熟练使用目的语的目的。"二战"后这种培训方法得到迅速推广应用，并在20世纪五六十年代风行美国，听说法逐步形成。

到20世纪60年代，听说法在中国受到普遍重视和推广应用，"听说领先"的教学原则在英语教学中出现了，《新概念英语》等听说教材被很多学校广泛采用，听说法的一些教学观点以及基本的教学原则仍然适用于今天的英语口语教学与实践。

2. 听说法的主要特征

①听说法把听说能力的培养作为外语教学的主要目标，认为具备一定的听说能力是进一步发展读写能力的基础，主张严格地按照听、说、读、写的顺序组织教学。在语言学习的初级阶段，听说法对语言初学者形成良好的语言习惯、培养正确的语感起到了积极的作用。但是相对于听说能力的培养，听说法忽视了对学习者阅读和写作能力的培养，学习者不能很快地、全面地掌握目的语的语法结构，不利于培养学习者在目的语社会文化情境中正确理解和合理运用外语的能力，阻碍了语言交际能力的进一步提高。

②听说法主张从一开始就要求学习者尽可能准确地理解教学内容，尽可能准确地模仿典型范文和例句的表达方式，学习者在学习过程中要尽可能避免出现语言学习和运用上的错误，或者尽可能少犯错误。要求教师及时给予提醒纠

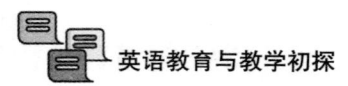

正，防止学习者出现在教学内容理解上的错误或者偏差从而形成难以改变的学习习惯。听说法要求学习者按照教学内容要求进行反复操练，以达到自动化地掌握语言材料的目标。

③听说法认为句型是语言表达的基本单位，是语言教学的核心环节，也是学习者语言运用能力的集中体现，应该高度重视对句型的理解、分析和模仿。学习者应当熟练掌握目的语的常用和基本句型，对句式、句法结构分析做到举一反三、触类旁通，以培养学习者根据基本句型分析新句子的能力。

基于听说法的教学模式的核心就是句型的操练，一般按照机械性操练、背诵记忆、意义性操练、实践运用的顺序组织教学过程。其中机械性操练是完成教学任务的前提和基础，需要教师和学习者投入大量精力反复练习，熟练掌握，这对学习者掌握基本的语言表达方式、培养学习者语言基本功起到了关键性、基础性的作用。

以句型操练为主要特征的听说法避免了语法翻译法中对语篇进行烦琐的语法分析、抽象推理的过程，又不像直接教学法那样对教师的英语知识水平和教学组织能力有很高的要求，突出了教学重点，抓住了英语学习的关键环节，短期效果十分明显。但是句型操练往往抛开了目的语的具体内容和社会语境，单独进行句型的机械操练不利于发挥学习者在学习过程中的积极性和主动性，不利于学习者语言交际能力的培养。

二、基于认知主义学习理论的外语教学

在外语学习的初级阶段，行为主义学习理论发挥了重要的作用，基于行为主义学习理论的教学理论在教学实践中取得了很大成就。但是行为主义学习理论忽视了对学习者的认知心理过程的研究，没有充分认识到学习者的思想、信念和情感等主观因素对教学过程产生的影响。随着认知心理学的不断发展，人们开始对行为主义学习理论在教学实践中暴露出来的问题进行分析和反思，直到 20 世纪 60 年代以后，与行为主义学习理论相对立的认知主义学习理论逐渐发展成为一个完整的理论体系。

（一）认知主义学习理论

1. 格式塔理论

格式塔是 20 世纪初由德国和奥地利心理学家创设的心理学派，认为人的行为是一个有机的整体，不能简单地等同于各部分之和，其主要内容包括顿悟

说和完形说。格式塔是德语"Gestalt"的译音,也可译为"完形"。

①顿悟说直接针对并否定了行为主义学习理论的试误学说,认为学习是学习者利用自身的理解能力实现顿悟的过程。当然在顿悟产生之前的学习过程中也常常会发生很多次尝试错误的学习行为,但这种尝试错误的学习行为与试误学说中的尝试错误的概念是截然不同的,前者要求学习者在做出尝试之前首先在头脑中进行思考,而不是盲目地、随意地尝试错误。

②心理学家认为人的心理活动是具有其内在规律的完整过程,是先于人的认知而存在的,认为学习的过程可以理解为构建完形的过程。具体来说,客观世界就是一个动态变化的完整组织结构,我们对客观世界的认识理解也应当是动态变化的,这样我们才能正确地感知客观世界。当客观环境发生了变化,我们对客观世界的理解就产生了缺口,这就破坏了认知行为的整体性,需要我们及时弥补这个缺口,这个弥补的过程就是学习的过程。

所以,格式塔理论强调从整体上理解和把握学习过程,科学分析学习者、教学情境、目的语言等影响学习过程的相关要素之间相互作用、相互协调、相互配合的关系,强调发挥学习者的主观能动性。学习的过程就是逐步实现"顿悟"和"完形"的过程。

2. 认知-目的论

爱德华·托尔曼是美国心理学家,他对心理学各流派的观点采取了兼容并蓄的开放态度。托尔曼关于学习目的和认知的观念主要来源于格式塔学派的完形学说。

托尔曼的学说建立在以白鼠为实验对象的位置学习实验和奖励预期实验的基础上。他认为一切学习都是有目的的活动,是在学习目标引导下的认知过程,学习过程中发生的试误反应是学习者在主观认识指导下主动进行的,这个认知过程包括对学习的目标、达到目标的方法、达到目标的途径、学习的情境和条件进行认知的过程,所以托尔曼不但研究了学习行为的外部表现,还探讨了学习的内部活动。

托尔曼认同试误学习理论的客观性和测量方法的简便,同时又认为学习的结果不是 S 与 R 的直接联结,在刺激和反应之间有目的与认知等中介变量,主张把联结学说的 S-R 公式修改为 S-O-R 公式,其中 O 就代表了有机体的内部变化。

3. 认知发现学习理论

布鲁纳是当代教育学家和认知心理学家,他反对借助对动物行为的实验研

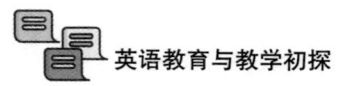

究来解释人类的学习行为,而是重点研究学习的内部认知过程。

布鲁纳认为,学习者应当首先对学习材料所蕴含的基本概念、基本原理和基本结构进行概括和归类,即布鲁纳提出的类别化处理观念,从而形成既相互关联又完全不同的类别。这些类别关系共同构成了学习者的编码系统,一个人的编码系统特点决定了他有什么样的认知结构。编码系统是一个动态系统,随着学习进程的不断推进,通过将新汲取的知识加入旧的系统中,以此重构和扩充原有编码系统,从而促进个人知识的增长和能力的发展。

布鲁纳认为,对任何一门学科知识的学习首先应当是对各门学科基本结构的掌握。对基本结构的掌握可帮助学习者更好地理解这一学科,并充分发挥学习者编码系统对学习的正迁移作用。当学习者透彻地掌握了学科的基本结构后,他就可以自如地将已经形成的关于某部分学习内容的编码系统应用到新的学习内容中去,并通过编码过程把新的概念和知识点合并到已有的编码系统中,从而提高学习效率、增强学习自信。

所以布鲁纳认为,学习的过程可以理解为对学习者已有的认知结构进行扩充、升级和重构的过程,不仅仅包含学习新的概念、知识,更重要的是培养学习者的认知能力。在教学过程中,学习者应当成为积极的探究者,主动地参与到学习过程中去,学会自己去观察、分析、归纳,学会自己去探索和发现知识、原理和规律,使学习者学会学习,这样才能有助于学习者智力的发展与提高。

4. 学习条件论

罗伯特·加涅是美国著名的教育心理学家和学习实验心理学家,加涅提出的学习条件论借鉴了现代信息加工理论的相关研究成果。信息加工理论认为,学习过程中的刺激信息进入学习者的感觉器官后形成感觉记忆,这是非常短暂的记忆存储过程。感觉器官将信息输入中枢神经系统,一些信息经过选择很快进入短时记忆,而其余信息很快流失掉了,短时记忆时间略长一些,要继续通过强化记忆和深入理解将部分短时记忆信息进行编码后进入长时记忆。编码的意思是采取一定的方式和顺序把相关信息有规律地组织起来,有利于信息的长久存储。

加涅认为,学习活动受内部条件和外部条件的制约。内部条件包括了学习者已经习得的知识技能、学习动机、心理基础和学习能力等因素,外部条件包括了输入刺激信息的结构、类别、形式和强度等因素。外部条件需要与内部条件的要求相适应并通过内部条件的积极响应才能发挥作用,从而把来自外部环境的刺激信息转化为学习者的能力素质。加涅还认为,教学的主要任务不是把现成的知识灌输给学习者，而是要激发学习者的学习潜能和学习兴趣，培养学习者的认知能力，不仅有利于完成当前的学习任务，而且使学习者具备了自主学习的能力。

因此，需要把学习者内部和外部两方面的条件有机结合起来。一方面，教师可以运用强化等手段激发学习者内在的学习动机，挖掘学习者的潜在能力，引导学习者主动探究教学内容，使学习者能够按照教学大纲规定的教学程序和步骤循序渐进地进行学习；另一方面，教师在制定教学任务和教学目标的过程中，要全面了解和掌握每个学习者的学习状态和能力水平，以此来确定需要为学习者提供什么样的信息，在教学过程中要给学习者创设符合学习者特点和需求的教学情境和教学条件，以此来激发、维持和提高学习者的学习动机，为达成教学目标任务创造积极的条件。

（二）基于认知理论的二语教学过程

有学者认为，二语学习实际可以看作习得一种认知技能。这些认知技能包括了使用语法规则、进行词汇选择、形成语用习惯等一些次技能。要想自如地运用一种语言，学习者要进行大量的次技能训练，使这些次技能相互融合，进而达到自动化的程度，并被吸收到语言的内部结构之中。而这一内部结构会随着学习者语言能力的发展而得到不断重构。

1. 语言技能的自动化

自动化可以理解为通过操练使得一项技能达到熟练化、习惯化的过程。一些学者从不同角度对这一过程进行了研究。

谢夫林认为，自动处理信息能力的形成过程可以理解为不断从受控处理向自动处理转换的过程，在受控处理的过程中，记忆被视为一系列互相联系的节点，这些节点是通过学习按照特定的顺序激活的。也就是说这种激活还没有达到自动化的程度，这就需要学习者在学习过程中保持精神的高度紧张和集中。所以在要求初、中级水平的学习者用外语来表达他们的想法时往往需要给予他们更多的时间来组织语言，当学习者的注意力不集中或有较强干扰时很难完成受控处理阶段的教学任务。不断反复练习能使这种激活模式成为一种熟练的习惯性的自动反应，一旦学习者形成了这种自动反应，就意味着学习过程进入了不可逆转的自动处理阶段。

施密特把受控处理和自动处理看作一个连续体的两端，认为练习在从这一连续体的低级阶段向高级阶段演化的过程中起到了关键作用。一种技能的发展过程就是通过反复的练习、不断从受控处理阶段向自动处理阶段转变的过程。

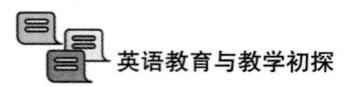

在这一过程中初学者都必须凝神聚力，而已经精通语言技能的学习者则达到了自动化的学习程度。

塔龙对自动信息处理过程中的语言风格进行了研究，他发现在受控处理过程中，学习者的自我监控意识比较强，往往比较注意语法使用是否准确、语言形式是否恰当。这个过程中的语言风格往往比较谨慎，而在自动处理过程时，学习者会不太注意语言形式而倾向于使用非正式的语言，这时学习者的语言风格就接近于母语。

安德森把语言知识分为宣告性知识和程序性知识。宣告性知识是指学习者能够清晰表达的知识，其外在表现是显性的和有意识的；程序性知识是指只能以间接的方式推测学习者可能具备的知识，其外在表现或是显性的，或是隐性的，或是有意识的，或是下意识的。安德森将从受控处理向自动处理转变的过程进一步划分为认知阶段、联想阶段和自主阶段三个阶段。在认知阶段，学习者需要运用宣告性知识使用语言，经常会出现表达错误，讲话的速度较慢，中间停顿也比较多。在联想阶段，学习者已经具备比较丰富的综合性知识用来理解或产出语言，宣告性知识开始转化为程序性知识。在自主阶段，学习者不用再有意识地寻找语言表达所需的词汇和句型，语言表达很少会发生错误，语言表达的流利程度增强，对语言的理解成为一个自动化的过程。

2. 语言认知结构的重建

认知理论认为，学习一种复杂的技能首先要进行大量的次技能训练，并在次技能相互融合的基础上达到自动化的程度。但这远远不够，新学习的二语信息还应当不断被吸收到语言认知结构之中，并随着学习者语言能力的发展对原有认知结构进行不断重建。

奥苏伯尔是美国著名的教育心理学家，是现代认知心理学理论的代表人物。奥苏泊尔的意义－同化学习理论是在借鉴了心理学家皮亚杰的认知同化理论和布鲁纳的认知发现理论的基础上形成的。奥苏伯尔是较早将认知理论运用于教学实践的学者，他的学习理论的核心是关于认知结构概念的理解。

奥苏伯尔认为，有意义的学习过程可以理解为新意义被同化的过程。同化可以进一步理解为学习者在已有认知结构的基础上吸收新的认知观念和认知信息的过程，促使已有的认知结构发生变化进而生成更高层次、更高水平的新的认知结构。在教学中，教师要采用恰当的教学方法启发和扩展学习者的思路，培养学习者从多角度、多层次思考问题，提高学习者的创造性思维能力，不断生成新的有意义的认知信息和认知观念。同时教师要培养学习者的学习动机，调动学习者的积极性，激发学习者的学习兴趣，使学习者对有意义的认知信息和认知观念能够主动发现、主动吸收、主动同化，促进有意义的学习过程的发生。

奥苏伯尔认为，学习者的已有知识是影响学习的最重要的因素，同化作用是新的认知观念与已有认知观念相互作用、相互融合而形成的。学习者已有认知结构中与新的认知观念相关联的概念和知识储备情况决定了同化的程度，学习者已有认知结构中储备的概念和知识的种类和内容越丰富，意味着同化的程度越高，学习者的学习效率也越高。

奥苏伯尔认为，学习者可以在课前阅读一些简要的背景材料，增进对学习内容的理解，拉近已有知识与学习目标之间的预期差距。

奥苏伯尔认为，同化的概念也适用于有意义的接受学习过程。有意义的接受学习是指教师将学习材料以定论的方式发给学习者，学习者不需要自己去探索发现学习材料中的观点和意义，但是要求学习者对学习材料进一步理解和消化，把所接收的新知识内容纳入自己的认知结构中并加以内化。同时教师在教学过程中也要注重语言教学的情景化和交际化，以促进学习者对新知识的内化进程。实际上，接受学习方式不仅是有意义的学习，更是积极主动的学习，接受学习方式尤其强调学习者学习动机形成的内在强化作用。奥苏伯尔强调学习者的学习应该以有意义地接受学习为主，认为这是学习者在教师的指导下获得知识的最快捷、最有效的学习方式。

（三）认知法

20世纪60年代乔姆斯基提出"转换生成语言学"，猛烈地冲击了当时在美国占主导地位的结构主义语言学和行为主义心理学，而这二者正是听说法的理论基础。乔姆斯基的语言理论是理性主义的，而结构主义语言学是经验主义的，二者有着本质的不同。乔姆斯基认为，语言是受规则支配的体系；人类学习语言绝不是单纯模仿、记忆的过程，而是创造性活用的过程。人类天生具有学习语言的潜能，儿童正是利用这一潜能将抽象规则内化，使之成为语言运用的基础。这些有限的规则将语言的深层结构转化为表层结构，从而生成无限的句子，于是人类能够听懂从来没有听过的句子，说出从未学过的话语。行为主义理论将语言学习等同于其他方面的学习，受制于"刺激—反应—强化—联结"的规律，语言的习得是形成习惯。语言学习的本质是什么？人们是怎样学会语言的？什么方法能有效促进外语习得？人们开始质疑听说法的诸项教学原则并探索新的教学法。于是，以转换生成语言学为理论基础的"认知法"在美国出现了。作为听说法的对立面，认知法强调充分发挥学生的认知能力，重视对语言规则的理解，并在此基础上全面培养学生听、说、读、写的能力。

认知法又称"认知-符号法"，最初由美国心理学家卡罗尔在《语法翻译法的现代形式》一文中提出。由于它重视语法的作用，有人又把它叫作"新语法翻译法"。认知法重视发挥学生的智力作用，强调认知语法规则，培养实际运用语言的能力，具有坚实的语言学、心理学理论基础。认知法的语言学基础是乔姆斯基的转换生成语法理论。转换生成语法认为语言是受规则支配的体系，人的语言能力是先天性的，人脑具有一种语言习得机制。人类学习语言不是机械模仿和记忆的过程，而是不断理解、掌握语言规则，创造性地运用语言的过程。因此，认知法主张从学习语言规则入手，培养学生创造性地运用语言的能力，形成了自己的教学观，即语言学习是通过对它的各种语音、语法和词汇形式的学习和分析，从而对这些形式实现有意识的控制的过程。

认知法的心理学基础是认知心理学。认知心理学主张学习外语是一个感知、记忆、思维、想象的过程，是大脑积极思维的结果。瑞士心理学家皮亚杰在20世纪60年代提出了"发生认识论"，认为掌握新知识是一种智力活动，是外界刺激与主体反应双向交流的结果。美国心理学家布鲁纳认为了解语言的基本概念、原理和规则等"基本结构"有助于学习者认知。而且，外语教学要以"学习者为中心"，主张进行"发现学习"。

认知心理学家奥苏伯尔倡导有意义的学习，重视对基本概念和规则的理解。认知教学法主张把第二语言作为一个知识体系来掌握，通过分析讲解，理解语音、词汇、语法知识的规则和掌握语言的基本结构，达到培养外语交际能力的目的。

认知法的主要特点如下。

①以学生为中心。教师要了解学生的年龄特点和外语学习的心理认知过程，培养学生具有正确的学习态度、坚定的学习信心和顽强的学习毅力。教师还要了解学生的智力活动结构和发展过程，为学生提供易于发现规则的足够的语言材料和情景，从已知到未知，引导学生自己去进行"发现学习"。

②用演绎法讲授语法。在理解语言知识和语言规则的基础上操练外语，强调有意义的学习和有意义的操练。认知法的核心是理解、记忆和使用的综合。理解是前提，操练是手段，记忆和使用才是目的。

③听说读写齐头并进。认知法主张外语教学一开始就进行听、说、读、写四种能力的综合训练，全面发展。通过耳听、口说、眼看、手写多种感官刺激，可以收到更好的学习效果。听说是训练口头语言表达能力，读写是训练书面语

言表达能力，二者相辅相成。通过读写强化听说能力，通过听说提高读写能力。

④合理利用母语。在理论方面，乔姆斯基认为各种语言都具有一定的普遍性、共同性。因此，学习者母语中的语法知识、概念、规则会迁移到外语学习中，从而促进外语的学习。在实践方面，认知法倡导者认识到成年人学习外语和儿童学习母语的不同之处（成年人缺乏儿童学习母语的语言环境，儿童学习母语是大脑成熟的过程而成年人是在掌握了母语的基础上学习外语的、成年人学习外语是有意识的学习）。因此，进行外语教学时要适当利用母语，进行必要的母语与所学外语的对比分析，使教学更具有针对性和预见性，帮助学生逐步养成用外语思维的习惯。

⑤分析语言错误。听说法强调及时纠错，以免学习者的错误变成习惯。认知法认为学习过程中出现错误是难免的，因此要允许学生犯语言错误，对错误进行分析，不能见错就纠，而是只纠正主要错误。

⑥广泛运用电化教学手段。认知法认为直观教具和现代化教学手段可实现外语教学情景化、交际化，有助于创造外语环境，增加使用外语的机会，强化外语教学过程，是在缺乏语言环境的情况下进行高质量外语教学不可缺少的条件。

从上述特点可以看出，认知法除了同之前的教学法一样关注教学内容（"教什么"）和教学方法（"怎样教"）之外，在认知心理学理论影响下开始关注教学对象，即"怎样学"的问题，这是外语教学的一个重大进步。然而，与听说法相比，认知法并不占绝对优势。认知法和听说法在美国一度形成对峙的局面：一方面是在许多中小学风靡认知法，另一方面是不少大学还在继续使用听说法；一方面是美国国内的外语教学在推行认知法，另一方面是美国的不少机构在英语教学中依旧坚持使用听说法。尽管认知法吸纳了乔姆斯基的语言理论，却没有像听说法那样关注语言学在语言结构描写方面的成果。因此，它缺少有关教学内容的应用研究，这使得它在"教什么"的问题上缺少实际内容。尽管认知法在理念上与认知理论具有一致性，但是，认知理论对于语言加工过程和学习策略的许多研究尚处在探索阶段，不能为外语教学提供具体的指导。

认知法作为听说法的对立面而产生，给外语教学带来了更多的选择。但是，由于它完全抛弃了听说法的合理内核，也使得自己的教学主张缺乏系统性和可操作性，不能十分有效地指导外语教学的实践。因此认知法作为一个新的独立外语教学体系还是不够完善，必须从理论上和实践上加以充实。

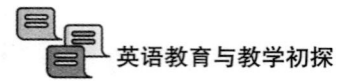

三、基于人本主义学习理论的英语教学

20世纪50年代,美国兴起了人本主义心理学,是由一些持有相似观点的心理学家共同推动形成的。他们认为心理学应该探讨完整的人,尤其关注人的自我实现,并以此观点为基础提出人本主义学习理论。与行为主义学习理论相比,人本主义学习理论并不是从验证性研究中得出推论,而主要是按照经验原则提出自己的观点。

(一)人本主义学习理论的主要内容

1. 马斯洛的学习理论

马斯洛是美国心理学家、人本主义心理学的主要创立者,他提出了关于人的需求的金字塔式梯级等级表,包括基本生理需要、安全需要、归属的需要、尊重需要、认知需要、美的需要和自我实现的需要。上述需求是由低级向高级逐级递增的,人在低级需要获得满足后开始追求高级需要。自我实现是马斯洛人本理论的核心。他认为,个体之所以存在,之所以有生命意义,就是为了实现人的内在价值。在教育领域,受教育者首先是人,然后才是学习者,这是解决学习问题的前提和关键。在他看来,学习者要充分挖掘自身潜能,不断超越自我,这是学习者实现个体价值的必然选择;教师应当对学习者加以积极引导,为学习者创造出良好的学习环境,而不是利用外界力量来强制学习者学习。

基于人的自我实现的需要,马斯洛提出关于教育的五个原则:一是自我统一原则,教育应该减少或消除学习者内心的矛盾和精神上的分裂,帮助学习者认识到自我与非我的统一,即个人与社会和自然的统一;二是启发性原则,为了激发和培养学习者的创造性思维,不仅要培养学习者的逻辑思维能力,更重要的是激发学习者的非智力因素;三是美育原则,重视音乐、舞蹈、美术等艺术教育对人格的塑造功能;四是超越性原则,实现对自我的超越和对文化的超越,培养具有批判精神的人;五是价值原则,通过激发学习者的内在价值,使学习者获得生存的意义。

2. 罗杰斯的学习理论

罗杰斯是美国心理学家、人本主义心理学的主要代表人物之一。他认为教育的最终目的是要培养全面发展的人,他主张以学习者为中心来组织各种教学实践活动,认为只有以学习者为中心才能促进学习者自我学习、自我实现、自我发展,才能培养学习者的独立性、自主性和创造性。

罗杰斯在《学习的自由》一书中详细阐述了他的观点。一是教师要帮助学习者加强对自我的理解，积极为学习者创设轻松和谐的学习氛围和学习环境，激发学习者的学习潜能；二是教材应当反映学习者的实际生活，能够反映目的语国家的社会文化特征，切合学习者的能力水平，教材的选择应当由学习者自主决定；三是教师要尊重学习者的内心感受，建立有效的沟通交流渠道，帮助学习者积极调节和疏导由各种因素引起的心理问题，给予每个学习者展现自我的机会；四是努力激励学习者积极主动地自主探究新知识，使其培养浓厚的学习兴趣，以取得良好的教学效果；五是学习者不应被动地接受教师灌输的知识内容，而应主动地探索、获得知识，注重培养自主学习能力，学会自我管理、自我评价和自我提高；六是鼓励学习者多参与社会活动，培养自我求知能力。

3. 寇姆的学习理论

寇姆认为，想要了解一个人首先要了解他是如何对自己和周围世界进行感觉和知觉的，这些具体的感觉和知觉汇聚起来就构成了一个人的信念系统，而一个人的信念直接决定和影响了他的具体行为方式。比如，教师认为某个学习者行为怪异，不能仅仅去矫正学习者的某一具体行为，而是要了解他产生怪异行为的原因。寇姆认为学习者有怪异行为很可能只是为了博得教师的注意而已。

寇姆认为，学习活动的目的不仅仅是使学习者获得某一学科专业领域的具体知识和专业技能，更重要的是培养学习者的认知能力，即在已有知识的基础上探索、获得新知识的能力。所以并不是教师将编写好的教学资料提供给学习者以后，学习者就会自然地真正地习得知识，因为知识的真正含义并不直接显示于教学资料的表面，而是巧妙地隐藏其中。这就要求学习者擅于从教学资料中发现问题、探索问题并解决问题，这样才能领悟教学资料所蕴含的意义。

寇姆强调人的发展应当是全面的发展，教育要满足学习者在知识技能、情感表达、意志品质等多方面的需求，使学习者各方面的能力素质得到全面、均衡的发展和提高，以培养学习者的健全人格，而不是只机械教授学习者具体的知识或谋生的技能。这样学习者就会在工作和生活中正确地处理人与人、人与社会的复杂关系，为自己的发展创造良好的外部环境，这是教育的根本目的，也是语言教学的重要内容。所以教师应当结合学习者的基础条件、性格特征、能力水平、成长需求等各方面因素，创设一个生动自由、充满挑战、互助合作、学会自我尊重和尊重他人的、善于调节个人生活的学习情境，为学习者的全面健康发展创造条件。

（二）人本主义学习理论的主要观点

从以上内容可以看出，不同的人本主义学习理论由于形成条件和研究背景的差异，侧重于强调学习的不同侧面。但都基于人本主义的自然人性论，各种理论观点的联系主要有以下几点。

①人本主义认为，人们在理解、探讨、建构关于自然界、人类社会和思维方式的概念体系时要基于一个基本的出发点，那就是关于人的概念和意义。人本主义心理学强调天赋人性，关注学习者的内心世界，把个人的思想、意愿与情感等因素放在所有人的发展的中心地位，要求从人的主观意识出发，从整体上研究人的动机、人格。它对行为主义理论提出批判，反对把从动物研究实验中得出的结论简单移植到人类身上用以解释人的行为方式，强调既要研究人的外在行为方式，更要注重研究人的内在思维特征。它对弗洛伊德的精神分析学说提出批判，反对把研究精神病人这一特殊群体所得出的结论运用到正常人身上，强调应当把人的内在心理活动的特征规律作为研究的重点。

②人本主义认为，在学习过程中尤其要强调学习者自身的思想，以学习者为学习主体，以学习者能力素质的全面发展为核心，以学习者自主学习能力培养为目标。鼓励学习者充分发挥主观能动性，根据自己的需求制订合适的学习计划，选择合适的学习方法，管理分配自己的学习时间，跟踪监控自己的学习进度，反馈调整自己的学习要求，评价反思自己的学习效果，在知识的探索建构过程中实现个性发展、提高能力素质、实现自我价值。

③人本主义理论认为，每个学习者都有潜在的能力，教育的任务就是试图挖掘并释放每一个学习者的潜在能力。这就要求教师在教学过程中要充分了解和分析每个学习者的基础条件、能力水平、个性差异、智力结构等，针对不同学习者的个性化学习需求创设有针对性的、多层次的、可选择的、顺序递进的教学情境，这样才能真正做到因人施策、因材施教，实现学习者的自我发展和自我实现。

④现代教育技术、信息网络技术、大数据分析技术等的迅速发展及其在教学过程的广泛应用，极大方便了学习者的学习，为学习者呈现了更加丰富多彩的学习资源和更加多样化的学习渠道。知识信息的呈现展示方式、收集整理过程不再受到学习者的时间条件和空间条件的制约，学习者可以在任何时间和任何地点以任何方式进行学习，使得人本主义学习理论的主要思想观点得到最大限度的实现，有效更新了学习者的思维方式，极大丰富了学习者的学习策略，理论上为学习者自主学习能力的培养、发展提供了无限可能。

⑤人本主义学习理论既重视学习者自主学习能力的培养，也重视学习者自我修养的提高，提倡学习者的全面发展。通过建立沟通交流、合作互动、协作分享的学习方式，通过设计一系列丰富多彩、形式多样的学习活动，使学习者

的个体学习有效融入群体学习中去，以个体学习成效影响推动群体学习发展，以群体学习氛围感染带动个体学习进步，从而营造出和谐、平等、民主的学习氛围，对塑造学习者的人格特质能够发挥积极的作用。同伴教学或者分组学习是群体学习经常采用的有效方法，一些高校还采取了设置学习者自主学习中心的方式将个体学习与群体学习有机结合起来。

（三）基于人本主义学习理论的教学模式

1. 全身反应法

全身反应法是由美国心理学家吉姆斯·亚瑟于20世纪60年代初提出的。该教学法继承和发展了帕尔默的通过动作学英语的观点，吸取了心理学中记忆痕迹理论的观点，倡导把语言和行为联系在一起，通过身体动作进行语言教学。

①亚瑟认为二语习得和儿童习得母语的过程有相似的地方。在儿童学习母语时，他们最初通过动作对父母的指令做出反应，小孩学会说话之前已经能听懂成人的指令，所以母语的学习是先理解再表达。亚瑟认为二语学习也应如此，首先要培养学习者的听力，然后再要求学习者用口语表达，再发展读和写的能力。在教学过程中教师首先用目的语发出指令，并运用身体语言进行示范演示，等学习者理解指令后，再让学习者通过模仿教师的演示完成动作，然后边说边做，从而感知并理解掌握语言。

然而，亚瑟提出的全身反应法主要来源于儿童母语学习的经验，一般适用于语言学习的起步阶段，不适合用于复杂内容的教学。一些比较抽象的概念、单词和句子难以用这种方法进行完整准确的表述，造成教师在解释一些抽象事物的时候会遇到很大的困扰。

②亚瑟主张以句子为基本教学单位，重视语言内容和意义的理解，提倡整句学习、整句运用。尤其他认为语言学习应以学习祈使句型为主，其他的句型需要根据教学任务要求酌情使用。采取这种学习方式可以帮助学习者快速理解目的语，尽快实现语言知识的长时记忆，通过一段时间的积累较好地奠定语言基础，能够有效减轻学习压力，有利于培养学习者实际运用语言进行交际的能力。然而，过多地使用祈使句型不利于中高水平的学习者学习较深层次的教学内容，必须同其他教学方法结合在一起使用。

③亚瑟吸取了人本主义心理学关于情感因素在学习中的重要作用的观点，认为理想的语言教学应该为学习者提供大量可理解的输入。在教学过程中要以宽容的心态对待语言运用过程中的表达错误，只纠正一些比较严重的语法错误，同时需要注意方式方法。这样做有利于减轻学习者的心理负担，培养愉快的学

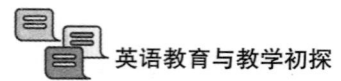

习情绪，消除学习者的抵触心理，吸引学习者积极主动参加活动。学习者将所有输入信息变成可接受的信息，然后再转化为输出信息，对学习者的语言输出不做严格要求，不强迫学习者发言，允许学习者在预先做好准备的情况下发言。

④亚瑟认为应当提供一个与实际生活紧密相连的、轻松活跃的教学环境和语言情境，让学习者在身临其境的体验中、在多种多样的活动中、在循环反复的练习中学习英语。由于 TPR（Total Physical Response，全身肢体反应教学法）教学设计中包含了大量的游戏活动、角色表演、小组竞赛等课堂活动，必须以教学目标为导向，掌握好课堂活动的节奏和形式，这对教师的课堂教学管理能力提出了很高的要求。

⑤亚瑟认为每个学习者都是一个独特的个体，他们有不同的优势和特点，存在各种差异。全身反应教学法十分重视学习者的感官体验，在教学过程中广泛运用视觉、听觉、触觉等多种语言表达形式，有利于调动学习者的学习积极性。

总之，TPR 教学法具有很强的兼容性和灵活性，在教学中一般不会作为一个完整的教学模式单独运用，而是嵌入其他教学方法中着重解决初学者对某一具体问题或语言概念理解上的困惑。

2. 暗示法

暗示教学法又称启发教学法，是由保加利亚心理学家乔治·洛扎诺夫创设的，他的研究主要受到心理暗示疗法成功案例的启发。

（1）教学过程

洛扎诺夫把教学过程分为阅读理解、朗读聆听、配乐听说三个部分。讲授新的课程时，教师首先以丰富的表情和肢体动作对相关教学内容和背景知识进行简要介绍；然后播放轻柔的背景音乐，和着音乐的节拍，教师以饱满的激情朗读课文材料，学习者在轻松愉快的氛围中陶醉于教师通过配乐朗诵所营造的语言情境中。与此同时，注重听力与口语能力的训练，鼓励教师与学习者进行交谈。这样一个轻松的教学情境可以有效激发学习者的潜能，使学习者产生超强的记忆能力，不知不觉地记住所学的材料。

（2）基本观点

暗示教学法的基本观点是以学习者为中心，在学习过程中不仅包括有意识活动，还包括无意识活动；既是一种理智活动，也是一种情感活动，强调学习活动的整体性，注重发挥整体的功能。主要有以下几个方面的理解。

①人具有可暗示性（也可以理解为人的可意会性、可启示性、可影响性）。暗示能力和效果受到很多因素的影响，比如发出暗示的一方和接受暗示的一方在智力结构、社会地位、从事职业、语言能力等方面存在差异。如果发出暗示的一方在各方面明显优于接受暗示的一方，那么就会形成较强的暗示能力和效果。

②人具有无意识心理活动。这是一种非理性活动，人在进行理性活动的过程中同时伴随着非理性活动，也是产生暗示效果的重要因素。

③人具有非注意心理反应。在谈话过程中，听话者的注意力大部分集中在说话者谈论的具体内容上，这就是注意心理反应。同时听话者也常常自觉不自觉地被说话者的语音语调、面部表情、动作姿态等外在因素吸引，分散了听话者的一部分注意力，这就是非注意心理反应。

④人具有心理上和生理上的各种潜力。洛扎诺夫认为学习者缺乏信心是最大的心理障碍，要创造轻松愉快的学习氛围和教学情境，以减轻压力，促使学习者主动挖掘并发挥出自身潜力，使学习者产生超常的记忆力、想象力、思维能力等。概括起来，就是教师要对教学步骤和教学方法进行精心设计，采取联想、暗示、启发、强调等多种语言表述和教学组织形式使学习者形成一种无意识的心理状态，关注学习者非理性因素对教学的影响。通过积极的心理暗示，激发学习者的学习动机和学习兴趣，使学习者克服学习中的恐惧心理，提升学习者对自身的学习期望，在轻松愉快的情绪状态下获得更好的学习效果。

（3）应用策略

①正确运用教师权威。教师的权威是在教学过程中自然形成的，体现为教师对学习者的严格要求、关心爱护和平等对待；体现为具备精深的专业知识、完备的知识结构；体现为规范的动作表达方式；体现为健康的人格特征。树立和用好教师的权威有助于学习者在课堂教学中更好地集中注意力，更乐于接受教师讲授的知识，更容易接受教学中的隐喻和暗示，有利于提高学习效率、增强学习能力。

②正确运用稚化技术。稚化是指成年学习者借鉴了儿童在学习过程中放松的心理状态、自发性的探究心理、强烈的好奇心等行为特点。稚化技术能够帮助成年学习者消除不利的、固有的暗示。教师主要通过营造轻松愉快的教学氛围、形成主动积极的教学导向、运用灵活多样的教学方法等途径达成稚化的目的，以此消除学习者沉闷、压抑、恐惧和畏难的情绪和心理。

③正确运用无意识交流。来自教学环境和教师的表情、手势等无意识刺激对学习者具有不可忽视的潜移默化的重要影响。教师要十分注重教学环境的创

设，在教学过程中要保持轻松愉快、热情洋溢的精神状态，催发学习者积极的无意识心理活动，激发学习的自信。

④正确运用高超的教学技术。教师要通过自学、反思和参加培训，培养高超的教学技术，尤其要努力学习大量的心理学专业知识，熟练掌握心理暗示技巧，才能在教学过程中有效利用暗示时机，恰当使用暗示形式，不动声色地达到暗示效果。然而在学习者人数较多的教学环境下，教师对学习者施加的暗示往往难以为大多数学习者所察觉和理解，对教学效果的影响并不大。

洛扎诺夫提出的暗示法最初来源于为研究如何提高语言教学中的记忆能力所进行的教学实验，而在其他方面能力培养上的效果是否明显还有待进一步的验证。

3. 沉默法

沉默教学法是20世纪60年代由美国心理学家、数学家加特诺在结构主义理论的基础上提出的，是人本主义教学理论的重要流派。

（1）教师教学要求

沉默法提倡教附属于学的原则，认为教师的首要任务不是如何设计教案，不是考虑以何种形式向学习者讲授课文材料，而是如何鼓励学习者进行主动积极的思考和探究，要求教师在课堂上尽量保持沉默，强调课堂教学以学习者为中心。学习者是学习的主体，注重培养学习者的自主学习和独立学习能力，要求学习者在学习过程中对自己的学习承担责任，在没有教师干预的情况下自己归纳出语法规律。在教学过程中，教师由知识的讲授者变成了学习者学习的引导者。教学的目的是培养学习者综合运用语言的能力，而不是单纯积累知识，所以对一些自主性较差的学习者来讲沉默法可能并不适合他们。

沉默法突出强调学习者学习的自主性，相对而言忽视了教师主导作用的充分发挥。在教学过程中如果教师对学习者在语言表达中出现的比较严重的语音和语法错误不能及时发现和纠正，长期积累下来，必然会对学习者运用语言的准确性造成很大影响。

（2）教具的运用

充分利用各种简单、标准的直观教具是沉默法的鲜明特色。其中最为典型的教具是菲德尔图表、奎逊纳棒等。通过这些教具进行相关教学内容的辅助示范，可以创造生动活泼的课堂气氛，帮助学习者直观地理解知识的难点和重点，有利于激发学习者的好奇心和想象力，有利于培养学习者的创新思维能力，从而更快速地掌握所学知识。但是对于语言学习中遇到的一些抽象理论、概念和复杂语法结构，还必须依赖教师的讲解和示范，仅仅依靠简单的道具很难系统地学好一门语言。

（3）课堂互动

在沉默教学法中，教师的作用就是给学习者创造一个运用语言的环境。教师根据学习者的需求确定课堂活动的内容和形式，鼓励学习者尽可能多地运用语言进行表达和交流，充分发挥学习者的主观能动性，使学习者积极参与课堂活动，通过同学间互动来达到学习效果，让更多的学习者通过大量的语言实践活动掌握外语交际能力。所以沉默法把培养学习者的听说能力放在最重要的位置，尤其是即兴讲话的能力，在此基础上进一步培养学习者的阅读和写作能力。

但是沉默法也存在明显的缺陷：要求教师在课堂中尽量少说话，很少对教学内容做出比较详细的解释说明，也不对教学内容过多重复。当学习者出现语言表达错误时，教师不是立即指出，也不是直接予以纠正，而是寄希望于在课堂活动中由其他学习者发现并提出改正建议。由于依靠同学来指出自己的错误不但不及时而且还可能并不正确，而依靠学习者自己的体会来逐步认识到错误在短期内也是无法做到的，导致学习者在课堂上可能会在很长一段时间内一直重复错误的发音或语法，浪费学习者的学习时间。

第四章　当代英语教学法流派

英语教学法是研究英语教学规律的一门独立的学科，在外语教学过程中发挥着重要的作用。选择一个行之有效的教学法可以使外语教学变得更加科学、有成效，对提高学生的英语水平十分有帮助。本章分为英语教学法概述、英语教学法主要流派两部分。主要内容包括：英语教学法的定义、英语教学法及其相关学科、英语教学法的发展、传统的英语教学法等方面。

第一节　英语教学法概述

一、英语教学法的定义

英语教学法是一门独立的学科，它有自己的研究对象和内容，有自己的研究目的和方法，有自己的理论和区别于其他学科的特点。

英语教学法的研究对象是英语教学，具体来说，就是人们是怎样学习英语的，人们又应该如何去教英语。英语教学法研究的是英语教与学的问题，因此，它涉及以下内容：语言是什么，学习英语是一个怎样的过程，学习英语有什么样的规律，教授英语应遵循什么样的原则，教学过程是怎样的、有什么特点，教授英语可使用什么样的方法和技巧，英语教学与语言环境有何关系，教与学存在着什么样的关系等。

英语教学法研究英语的教与学，目的在于探讨英语教学的内部规律，从而为更好、更快、更有效地教授和学习英语提供有关的理论和方法。

英语教学法是一个实验性强的学科，它的研究遵循着科学的实证研究的方法，研究可以通过实验进行。人们可以通过观察、归纳或总结有关语言教学的现象，提出假设，然后通过控制有关变量对假设进行检验，最后得出实验结论。研究还可以通过自然观察和有目的的调查来进行，针对语言错误、某种教学策

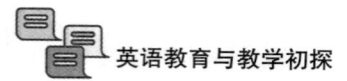

略或学习策略，可以通过观察和调查把它们记录下来，进行分析、归纳和总结，最后得出研究的结论。

作为一个独立的学科，英语教学法不但有自己的理论，还有区别于其他学科的特点，同时还与其他学科有着密切的联系。在不同的历史时期发展起来的教学法，如语法翻译法、直接法、听说法、口语法和情景法等均可视为英语教学法的理论。与此同时，英语教学法也应用语言学、心理学、社会学和教育学等学科的理论以及与这些学科有关的其他学科的理论，如心理语言学、社会语言学等理论来研究教与学的内容、教与学的过程、教与学的规律以及教与学的技巧和方法等问题。然而，尽管英语教学法与一些学科有着密切的联系，但是将相关学科理论应用于英语教学的实践时，还需要应用语言学家或是英语教师的中介作用或努力。

二、英语教学法及其相关学科

英语教学法与教育学、语言学、心理学等学科有着密切的联系，这些学科被称为它的相关学科。英语教学法在它的发展过程中，不断从相关学科中吸收自己所需要的养分，应用相关学科的研究成果来充实自己。可以说，英语教学法的发展与它的相关学科的发展是紧密相连的。

（一）英语教学法和教育学

教育学阐述教育知识、研究教育现象、探讨教育问题并揭示教育规律。英语教学属于教育范畴，教育学的原则、原理和方法对英语教学有指导作用并能在英语教学中得到应用。在研究英语教学法时，我们应学会运用教育学的理论去处理教学中出现的问题。

教育目的、教育方针和培养目标从大的方面影响着英语教学，英语课的开设、开设的时数、开设的目的和要求无不受制于它们。

在教育学中，教育要适应社会发展和学生发展，这能帮助我们更好地理解历史上的各种教学方法是怎样因社会需要而发展起来的，同时也可以帮助我们根据学生年龄、心理和生理发展的特点选用适当的教学内容和教学方法。教育学中所论述的教学原则也能用来设计课堂活动，这些原则包括科学性和思想性统一的原则、理论联系实际的原则、直观性原则、启发性原则、循序渐进原则、巩固性原则、因材施教原则等。

英语教学与其他学科一样都应处理好教师和学生之间、教与学之间的关系。在进行教育的过程中，教育学提出"教师主导，学生主体"的思想，它为我们正确处理教师与学生之间的关系，摆正教师和学生在英语教学中的地位提供了原则和依据。我们可以把这些原则应用于英语教学实践，建立尊师爱生、民主平等的良好师生关系，积极创造一个良好的语言环境，调动学生的学习积极性并激发他们的学习兴趣，把英语教学搞好。

《现代教育学》中对课外教育活动的论述也给了英语教学有益的启示。在英语教学中，我们也应结合语言学习的特点，设计英语课外活动以促进英语学习。

除了应用教育学的原理、原则之外，还可以应用教育测量的理论和方法去进行测试命题和测试结果的研究、英语教学实验的设计、数据的处理，并对英语教学工作进行评估等。可以说，在英语教学实践中，我们都在应用教育学的有关原理、原则和方法。

（二）英语教学法和语言学

语言学是研究语言系统的科学，英语教学法是研究一种语言——英语的教学的学科，两者的研究都涉及语言，所以它们之间的密切关系是不言而喻的。在语言研究领域，理论语言学或普通语言学研究语言的一般原则和人类语言的特点。这些原则和特点反映了人们对语言的看法，可称为语言观。人们从不同角度对语言的探讨加深了人们对语言特点的认识。对语言的不同观点、不同认识致使人们在不同的时期按照不同的社会需要创立不同的英语教学法。例如，听说法、情景法是以结构主义语言理论为基础建立起来的教学方法；认知法可以说是受乔姆斯基的转换生成语言理论的影响而创立的教学方法。

当然，不同英语教学方法的建立除了根据不同的语言理论外，还得依赖语言学习理论，这点将在下文予以说明。

除了普通语言学，语言学的其他分支对英语教学法也有影响。描述语言学集中研究某一语言的系统、结构，它向我们提供有关英语结构和语法规则的描述；英语语音学描述英语语音的特点、语音现象和语音规律；英语语法学陈述英语语法规则和英语的结构；英语词汇学对英语的词汇特点做详细的描述。这些语言学的分支能为英语教学研究提供丰富的材料，在选取英语教学内容方面，我们也可以从这些学科里得到原则和依据。

作为语言学的一个新的分支，社会语言学将语言作为一种社会现象进行研究，研究语言运用中不同的功能变体、不同的文体、不同的语域、不同的话语范围和不同的语码使用。社会语言学引起人们对语言得体性的注意，这一点对英语教学法也是有启示作用的：英语教学应注意培养学生使用得体语言的能力。

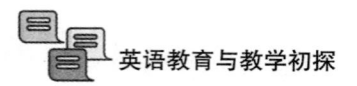

英语教学法不仅与教育学、语言学紧密相连,由于它研究教与学的过程和教与学的规律,它还与心理学有着密切的关系。

(三)英语教学法和心理学

心理学是研究心理现象的科学,它不但对构成认识过程的感觉、知觉、记忆、思维、想象进行研究,而且还对构成个性心理的因素如需要、动机、兴趣、能力、性格等进行探讨。英语教学是教师和学生之间的教学活动,心理学能帮助教师理解认识过程中的心理现象、掌握学生的个性心理,能帮助教师认识学习过程的特点,遵照学习英语的规律,结合学生的个性特征,寻找出加快英语学习、帮助不同学生学好英语的教学路子。

学习是心理学(特别是教育心理学)研究得较多的一个问题。不同的学者从不同的角度对学习进行了不同的实验,并提出了不同的学习理论。而英语学习是人们进行学习的一种活动,它同样受学习理论影响。事实上,不同的学习理论,如斯金纳的操作条件反射论、布鲁纳的认知发现学说等,都在创建不同的英语教学法过程中与不同的语言理论相结合,构成了不同的英语教学法的理论依据。

心理语言学主要研究语言的学习和使用,即个体怎样理解、生成和获得语言。心理语言学关于儿童习得语言的特点的论述,如"儿童置身于语言环境是儿童习得语言的必要条件""语言的理解先于语言的生成",为英语教学中教学原则的制定、教学方法的设计以及第二课堂(课外活动)的开展提供了原则和理论根据。在心理语言学中,对语言知觉的认知模式和阅读过程模式的研究为英语聆听理解和阅读理解课堂教学应采用什么样的方法提供了理论依据。英语阅读的相互作用模式就是根据"图式理论"设计英语阅读路子,而"图式理论"则来源于德国的格式塔心理学派中一个很有影响力的心理学派,这个例子也说明了英语教学法与心理学及其分支学科之间的紧密联系。

(四)英语教学法和哲学

英语教学法研究英语的教与学,在研究过程中,我们会碰到各种各样的现象和问题。怎样根据当时、当地的实际情况对现象和问题进行分析和探讨,需要掌握认识和分析问题的方法。从这个意义上来说,学好马克思列宁主义的哲学体系,以它的世界观和方法论来武装自己,也是研究所需要的,因为这种世界观和方法论是"最完整深刻而无片面性弊病的关于发展的学说"(列宁语)。

掌握好马克思主义的世界观和方法论,有助于我们在研究英语的教与学时客观、准确、全面、辩证地研究教与学中的现象和问题,探讨教与学之间的关系,摸索教与学的规律。这样，才能按照学生的年龄实际、不同的心理特点、不同的语言背景、不同的个性，在不同的教学阶段根据不同的教学目标来确定不同的具体要求和教学方法；才能从实际出发，辩证地看待各个教学法流派，认识它们的长处，同时也理解它们的不足，并能根据教学实际灵活地使用各种教学方法；也才能对国外学者的研究成果做实事求是的分析，并能根据自己的实际情况，运用他们的研究成果来进行自己根据中国学生实际而设计的实验。

一些哲学家对语言的研究促成了哲学中一个分支——语言哲学的产生。哲学家对语言的研究成果也作用于英语教学法。例如，哲学家格赖斯提出了会话含义理论。在会话含意理论中，格赖斯提出了他的"合作原则"，并说明了组成此"合作原则"的四个准则，即质的准则、量的准则、相关的准则和方式的准则。格赖斯的会话含意理论为我们正确理解会话意义提供了原则性的意见。在英语教学中如何使用这些原则和准则，以达到更好地理解语言的目的，也是英语教学法要研究和探讨的问题。从这个意义上来说，哲学不但为英语教学法提供了研究方法，还提供了对教学有启发作用的理论。

三、英语教学法的发展

（一）英语教学法的发展趋势

实际上被应用到教学当中的教学方法有很多种，而且即便我们寻觅到所有的教学方法，仍不能解决所有的语言教学问题，要想找到万能的语言教学方法是不可能的。于是西方就有学者提出"与方法概念决裂"、开启"后方法时代"的观点。我国英语教学理论界也有人认为要紧随这种观点，不要"对教学法仍如此执着"，而要进行超越教学法的课堂过程研究，否则就"显然已经比人家慢了一拍"。对英语教学法的研究似乎已经过时，教学法的发展好像已到了极限和尽头。

实际上并非如此。与上述观点正好相反，对教学方法的研究开始了一个新的历史时期。为了寻找适合新时代的教学方法，西方学者开始拓展新的研究领域，从不同角度和层面来延伸他们的探究。不同于以往的英语教学研究，20世纪80年代以后的研究开始从宏观走向微观，从一元走向多元，从单层走向复层。例如，20世纪六七十年代兴起的认知法，到了20世纪末得以进一步发展；由众多学者倡导的任务法已逐渐发展为一种新的具有全球影响的教学模式。在中国，除了全日制义务教育和普通高级中学英语课程标准曾经倡导任务型英语教学以外，当前中国英语教学理论界也在给予积极的响应，有关文章和专著纷纷问世。由此不难看出，对教学法的探究并没有终止，终止的只是某些探索教学方法的方法，而非教学方法探索本身。

粗略地观察所有英语教学方法，我们隐约可以看见一条从传统的古典人文主义到科学主义再到现代人文主义复归的轨迹。

其中，古典人文主义的代表是语法翻译法，该教学方法的教学目的是进行人文教育，培养人的素质，提高人的智力。19世纪下半叶，斯威特等欧洲应用语言学家和语言教育专家的理论的提出、语音学的崛起、国际语音学会的成立和国际音标的制定等，开始以科学的名义催生了直接法；行为主义心理学与结构主义语言学的结合使得听说法问世；认知法反映的则是以乔姆斯基为代表的认知心理学和转换生成语法；而交际法的理论基础则是社会语言学、语用学等新一代边缘语言学的理论。这些方法的科学理论指向的或者是语言学习的客体，或者与该客体密切相关，代表着人们在探索英语教学的过程中走过的以客体为中心的科学主义道路。任务法作为交际法的一种演变形式，可算是这种开发的成果之一。

此后，沉默法、暗示法、社团法、自然法、协作法、整体法等都或多或少地将目光转向了学习者本身、学习过程、学习条件、学习环境、学习情感、学习策略、学习者之间的合作等，开始了以学习主体为中心的人文主义复归。也正是这种以学习主体为中心的现代人文主义思潮，使得各学者对英语教学积极进行多角度、多层面的探索。

社会在不断发展，历史在不断演变，人们对新的教学方法的探究永远不会终止。对教学方法的研究有着深刻的社会实践背景。新的教学方法之所以产生，有其客观原因。斯特恩将这些原因归为以下三点。

①社会、经济、政治或教育形式不断发展变化，对教育提出了新的要求。

②语言学理论创新和有关语言学习的心理学研究的新发现会促使新的教学方法的产生。

③语言教师的各种经验、感觉和观点也会促使新的教学方法的产生。

只要以上原因存在，新的教学方法就会产生。而且由这些原因引发、推动的教学方法理论研究就不会停止，并不断向前发展。

（二）英语教学方法的选择

古今中外积累的英语教学方法是十分丰富的，随着教学改革的不断深入，又会有许多新的有效的教学方法产生。教学方法多种多样，其性能和特点各不相同。在实际英语教学中，教师能否正确选择教学方法，就成为影响教学质量的关键问题之一。实践证明，教师只有按照一定的科学依据，综合考虑教学的各有关因素，选取适当的教学方法，并能合理地加以组合，才可能使教学效果达到最优化；反之，如果毫无选择地使用教学方法或错误选用教学方法，都会给教学活动造成不利影响。

要选择最优的教学方法，必须把握以下三条基本原则。

1. 总体把握原则

总体把握原则，是指在选择教学方法时，要从教学内容出发，总体把握教学的目的和任务、教学内容的性质和特点，以及每节课的重点、难点和关键。

2. 师生共明原则

师生共明原则，是指在选择教学方法时，既要把握教学对象的可接受性，又要把握教师自身利用各种教学方法的可能性，力求使师生双方的可接受性、利用教学方法的可能性与教学方法本身实现完美的结合，统一在最佳结合点上。

3. "双效"统一原则

"双效"统一原则，是指在选择教学方法时，一要考虑能否取得最佳效果，二要考虑能否取得最高效率，力求使效果与效率实现完美统一。

教学方法的选择必须追求方法与效果的统一。有的教学方法虽然很好，但教师用后未必能取得最佳效果。教师在选择教学方法时，要充分估计运用这种方法所取得的效能、效益和结果。教学方法与教学效果统一了，说明选择的教学方法是行之有效的，否则是不切实际的。教学方法多种多样，而使用时又往往以一两种为主，这就要求教师在选用教学方法时，一定要选择能取得最佳效果的方法，使方法与效果高度统一。

但是，仅看教学效果是不够的，教学效果仅仅是评价所选用教学法好坏与否的一个重要方面。在看教学效果的同时，还要看教学效率。有时，虽然教学效果不错，但它是以教师和学生双方花费了很多时间和精力以及较高的物质消耗为代价的，从教学效率上看是不高的。好的教学方法，教学效率也应高，即做到投入较少的时间、精力、物力、人力，而获得较好的教学效果和较高的教学效率。"双效"达到了统一，也就做到了教学方法的最优化选择。

除以上三条基本原则之外，教学方法的选择还要考虑学校的教学条件。即使有相同的教学内容、相同的教学对象，由于各学校的具体环境和设备条件不同，教学方法的选择也要有所区别。

第二节　英语教学法主要流派

一、传统的英语教学法

20世纪70年代，二语习得研究的繁荣发展对英语教学产生了举足轻重的影响，众多新方法和新途径应运而生。

（一）语法翻译法

16世纪之前，拉丁语作为欧洲各国的官方语言，不仅用于教育、商务、宗教和政府公务等领域，也用于日常的口语交际。然而16世纪后，随着罗马帝国的衰落，法语、意大利语和英语取代了拉丁语的地位，开始逐渐成为人们用于口头及书面交际的通用语言。拉丁语虽然不再是一门活的语言，但却成为欧洲学校中的一门重要课程。17至18世纪的欧洲，古典拉丁语的教学以阅读维吉尔、奥维德、西塞罗等人的经典作品为主，分析拉丁语的语法和修辞成为大多数学校拉丁文课程的主要教学方法。16至18世纪的英国开设有"文法学校"，学生要接受严格的拉丁文法训练，即背诵语法规则、变位和词形变化，并且借助双语对照的语篇进行翻译和写作练习。具备一定的基础知识之后，学生就进一步学习高级语法知识和修辞知识。拉丁语被认为是最严谨、最有逻辑性的语法体系，因而拉丁语的学习被认为是训练推理能力及观察、比较和综合能力的良好方式，有助于训练学生的心智，提高人文素质。18世纪英语、法语等现代语言作为外语进入欧洲学校课程之后，人们自然而然地沿用了教授拉丁文的方法。这种教学法因其对语法、阅读和翻译的重视而被称为"语法翻译法"，成为世界上使用时间最长、影响范围最广的一种教学法。

语法翻译法的语言学基础是萌芽于18世纪晚期、盛行于19世纪的历史比较语言学。历史比较语言学主要研究语言的发展史，通过寻找各种语言不同时期在语音、词形、曲折变化、语法结构上的相同点来建立语言谱系，考察语言和民族心理的关系。自从1786年英国的威廉·琼斯的论文证明了梵语与拉丁语、希腊语和日耳曼语的历史亲缘关系后，历史比较语言学得到了长足的发展。这个时期的语言学家大多认为语言和思维起源于同一种语言并受普遍规律制约，因而各种语言的词汇概念和语法范畴几乎是相同的，只是发音和书写形式不同而已。基于这种认识，语法知识成为英语教学的主要内容，逐字逐句地翻译成为教学的主要手段。

语法翻译法的心理学基础是18世纪形成于德国的官能心理学。官能心理学认为，各种官能（如记忆力、理解力等）可以相互分离，单独地加以训练和培养。背诵无意义的复杂的语言形式能发展记忆能力，进行繁杂的语法训练可以发展心智。因此，语法翻译法主张在英语教学中要通过死记硬背语法知识来发展学生的思维能力、磨炼学生的意志。

语法翻译法的教学目标是教会学生阅读和欣赏经典著作，通过对目的语的语法分析和翻译来更好地了解本族语。教材围绕着语法知识进行组织和编写，每一单元包括一个英语篇章、双语对照生词表、用本族语解释课文中出现的语法知识点、练习（翻译或关于语法知识点的问答题）。课堂上，教师花大量时间讲解语法，偶尔让学生进行翻译练习、大声朗读课文并解释所读内容。掌握口语不是英语学习的目标，口语练习仅限于大声朗读单词、句子或段落。进行翻译练习的句子是为了体现语法规则而生造的，与真实的交际毫无关系。

语法翻译法的主要特点如下。

①重视语法教学。学生先学习和每一单元的课文相关的语法规则，背诵双语对照的单词表。语法教学采用演绎法大量而细致地讲解语法规则，然后在阅读和翻译练习中理解、运用、巩固所学语法规则。

②重视语言对比。在教学过程中，对目的语和本族语进行词汇、语法、结构等方面的比较。英语教学的目的是实现两种语言之间的转换，必要的时候可借助词典。翻译是检验学生掌握语法规则程度和阅读能力的主要手段。翻译做得好，就表明学生掌握了英语。

③重读写，轻听说。语法翻译法把口语和书面语分离开来，认为英语学习的目标是阅读经典、开发心智，所以培养"读写"能力是教学的主要内容。重视阅读能力的培养，忽视听说能力的训练和语言技能的培养。

④充分利用本族语。教师用本族语组织教学，用本族语讲解语法规则。课堂上的主要活动是语法规则的系统讲解和课文句子的翻译。

由上述特点我们可以看出，语法翻译法的教学效果往往不能令人满意：学生虽然经过多年严格的语法翻译训练，在实际交流中却听不懂最简单的对话；重视语法规则讲解的方法也不适合年龄小的学习者。这种教学法由于过多地依靠本族语，忽视听说能力的培养，忽视学生的认知情感等因素，练习形式比较单一，课堂教学气氛沉闷等缺点，在现代语言教学史上受到诸多新思潮、新流派学者的批判，几乎所有的英语教学研究者都批评过语法翻译法，他们深信一定会有更好的方法来教授英语。然而，语法翻译法经受住了近代英语教学改革的冲击，至今仍有广阔的市场。一种教学法能够延续几百年，说明它有诸多的合理性。语法翻译法重视学生的智力因素，重视培养阅读和翻译能力。事实证明，

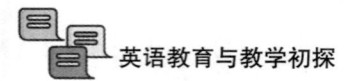

翻译教学法培养出了大批具备阅读和翻译能力的人才。在以培养阅读能力为首要教学目的的情况下，它不失为一种最佳的方法。我们认为，语法翻译法之所以有较强的生命力，主要得益于它简便易行和适应性强的优势。第一，目的语不流利的教师也可进行大班教学。语法翻译法对教师的英语水平、组织教学的能力、备课授课的水平、教学设备、班级编制等方面的要求较低。因此，在师资和教学设备较差、班级规模大、教师工作量较大或积极性较差的条件下，语法翻译法往往受到青睐。第二，有助于学生的自学。在语法翻译教学法理念指导下编写的教材可供学习者课外自学使用，从入门到高阶，各种水平的学习者均可找到适合自己的材料进行阅读和练习。第三，可以适应不断变化的语言学与心理学理论。语法翻译法中对语法的讲授是顺应时代的发展的，无论是布洛姆菲尔德的结构主义语言学还是乔姆斯基的心灵主义语言学，他们对语法的研究都可以成为教学内容。第四，语法翻译法在实践中不断改进。早期的语法翻译法过分强调对语言形式的学习，对词汇有所忽略，不利于学习者阅读课文和理解课文。后来英国的教育家汉密尔顿·詹姆斯提出"词汇翻译法"，重视对词汇的翻译，对学习者掌握词义、理解语言材料的意义有较大的帮助。德国学者提出"翻译比较法"，主张通过对比翻译实践来理解语言材料的内容，开始关注本族语和目的语的差异以及学习者对目的语的掌握情况。20世纪的语法翻译法被称为"近代翻译法"。近代翻译法具有以下几个特点：在教学中注重语音、语法、词汇相结合，以语法为主线；重视阅读能力和翻译能力的培养，兼顾听说训练；以本族语为中介，翻译既是教学手段，又是教学目的。

在语言教学理论的影响以及自身的不断调整过程中，当代的语法翻译法有了很大的发展，不再完全以语法规则为中心，教学活动也开始关注交际能力的培养。语法翻译法简便易行和适应性强的优势使它在英语教学史上一直没有完全被摒弃，可以说，"新的教学方法发展了语法翻译法，吸取了其中的有益部分，弥补了其不足之处"。

（二）直接法

19世纪中后期，欧美各国的商业发展迅速，政治、经济交流往来日趋频繁，社会迫切需要掌握英语并能用英语进行口头交际的英语人才。学习英语的目的出现了实质性的变化，不再只是阅读经典和开发心智，而变成了一种社会实际需要，首要体现在对口语的需要上。作为当时欧洲学校英语教学主要方法的语法翻译法却不能有效地培养口语能力，于是一些学者开始倡导进行英语教学改革运动，"直接法"作为语法翻译法的对立面就出现了。直接法认为，语言的本质是一整套说话的习惯。它主张学习英语应该像幼儿学习母语那样，只要反复操练就能达到脱口而出的程度，其最终目的是使学生具备听说口语的能力。19世纪末到20世纪20年代是直接法盛行的时期，欧美许多教学机构和教师都竞相使用这一方法。倡导直接法的代表人物主要有古安、伯力兹和帕尔默等。其中最有影响力的是德国学者伯力兹。他本人通过在美国创办的伯力兹语言学校，运用直接教学法取得了令人瞩目的成就。直接法的语言学基础是19世纪西欧出现的新语法学派的理论以及在语音研究方面取得的成就。新语法学派的代表人物保罗于1880年发表了《语言史原理》，提出了"类推"在语言学习中的重要作用，为直接法的模仿操练提供了语言学理论依据。1886年，国际语音学会的成立和国际音标的制定使语音系统的描写分析与传授成为可能，标志着直接法的成熟。国际语音学会的目标之一就是推动现代语言教学，该学会有五项主张：①教授口语；②进行语音训练以形成良好的发音习惯；③采用对话体课文以教授口语短语及习语；④用归纳法教授语法；⑤意义的教学依赖于目的语而非本族语。英国语言学家和语音学家亨利·斯威特的观点对直接法的形成也有较大影响。他指出语言教学的原则应当建立在对语言进行科学分析和对心理学进行研究的基础之上。斯威特在《语言的实践研究》一书中提出了英语教学法发展的四条原则：①仔细选择教学内容；②确定教学范围；③教授听、说、读、写四项技能；④教材内容的编排遵循先易后难的顺序。直接法的心理学基础是19世纪70年代由德国心理学家威廉·冯特创建的实验心理学。冯特认为，在语言行为的心理活动中起主要作用的是感觉，而不是思维；是直觉，而不是理智，声音能够引起最强的感觉。这种观点为直接法强调"以口语教学为主""以模仿为主"而无须先教授语法的观点提供了理论依据。另一位德国实验心理学家艾宾浩斯对记忆和联想的研究也为直接法提供了理论支持。直接法强调模仿，广泛采用手势、表情、动作、实物等直观手段，充分调动学习者的听觉、视觉等感官，有助于记忆。

在教育学方面，捷克教育家夸美纽斯、法国思想家卢梭、瑞士教育家裴斯泰洛齐等人的主张逐渐被公众接受。卢梭的"自然教育"理论认为教育必须顺应儿童内在自然的发展顺序。现代教学论的奠基人夸美纽斯提出"直观性"和"简易性"的教学原则，认为教师应当循循善诱，把自然的过程展现给学生；教学过程要注重由近及远、由易到难、由简单到复杂、由已知到未知、由具体到抽象等。因此，直接法强调英语教学要依照儿童习得母语的"听、说、读、写"顺序；通过视听、模仿、手势、图片等直观方式讲授知识；不讲解语法，而是等到学习者对英语有一定的感性知识之后再用归纳的方法教授语法规则、句型结构。直接法利用直观手段、用英语教英语、采用归纳法等正是对夸美纽斯所提出的教学原则的具体化。

《韦氏英语大辞典》将直接法定义为："是教授英语，特别是现代英语的一种方法，它通过英语本身进行的会话、交流和阅读来教英语，而不用学生的母语，不用翻译，也不用形式语法（第一批词通过指示实物、图画或演示动作等办法来教）。"直接法主张把目的语和它所表达的事物直接联系起来，不借助学习者的母语，直接学习、直接理解、直接运用目的语。它有以下主要特点。

①重视口语教学和语音训练，强调模仿。直接法以培养口语能力为主要目标，强调纯正自然的语音语调，以句子为单位，主要采用问答的方式教学。直接法认为语言是一种习惯，习惯的养成在于多模仿、多练习。

②用归纳法教语法。初级阶段不进行系统的语法教学，而是在学习者掌握大量的实际语言材料之后，引导其归纳总结语法规则。在高级阶段需要讲解语法时，使用目的语教授。

③尽量避免使用母语和翻译。采用动作、情境、实物、图画等直观手段来代替母语的释义功能，以建立意义与形式间的"直接"联系。阅读目标的实现也是基于对语篇的直接理解，使英语与思维直接产生联系，而不借助词典或翻译。

④关注目的语文化。直接法要求教师在课堂上创设生动有趣的情境为学习者提供了解和使用目的语的机会，教学使用的图画通常也是围绕目的语国家日常生活中的口语活动情境所精心设计的。

直接法强调不以本族语为中介，直接学习目的语；主张用教儿童学习本族语的方式学习英语，注重在实践中培养语言习惯；重视语音和口语教学，利用直观教具等。这些特点有利于激发学生的学习兴趣，能有效地培养学生的听说能力，以及用英语思考、记忆、表达的习惯。然而，直接法在处理本族语与英语、口语与书面语的关系方面存在着简单化、片面化的倾向。首先，它过分强调了学生学习英语和儿童学习母语之间的共性，将英语学习等同于母语学习，在英语教学中照搬儿童学习母语的方法。我们知道，母语习得和英语学习是存在差异的。儿童在习得母语时，只具备先天的语言习得能力；而英语学习者在学习英语时已经具有母语知识、世界知识和互动技能；就习得过程而言，母语习得基本上是儿童的认知逐渐成熟的过程，而英语学习却是母语能力迁移的过程。因此，忽略二者之间的差异是不符合客观规律的。直接法的缺点还在于没有认识到本族语的作用，在英语教学中一味排斥本族语的使用，给教学带来不必要的困难。为了避免使用本族语，对于一些用本族语可以"一语道破"的词语，教师却要费尽心思地用目的语去进行冗长复杂的解释。直接法不对语法进行直接明晰的解释，会导致学习者缺乏目的语的必要知识，难以认识到语言使用中的错误，从而造成过早地"石化"问题。直接法要求教师具备较高的英语水平或者要求教师是本族语者；直接法重视口语练习，适合小班上课，大多数公立学校都很难满足这些要求。

随着 20 世纪 40 年代"听说法"的出现，直接法渐渐淡出英语教学的历史舞台。相对于语法翻译法，直接法主张教授"活"的语言，突出了英语教学的本质。直接法与语法翻译法的对立奠定了英语教学的传统，"此后的英语教学法大多是在二者的基础上改进形成的，或偏向阅读，或偏向口语交际，依其教学目的和培养目标而变化"。可以说，直接法是英语教学史上的一大进步，它对后世的英语教学产生了深远的影响，为后来产生的听说法、视听法、交际法等现代教学法的发展打下了基础。有的英语教学法直接吸取了直接法的某些核心理念，如 20 世纪六七十年代出现的全身反应法和自然法。

（三）视听法

视听法产生于 20 世纪 50 年代的法国，由法国圣克卢高等师范学院法语研究所推广形成，又叫"圣克卢法"，最初运用于成年人法语第二语言短期速成教学中。当时大众传播工具发展十分迅猛，人们开始在英语教学中广泛借助电教手段，如广播、电影、录像、幻灯和录音等。通过运用声、光、电等现代化设备，把视觉感受和听觉感受相结合，把语言与形象相结合，从而建立起语言与客观事物的直接联系。视听法重视教学过程中语言材料的完整性，也被称为"整体结构法"。视听法吸取了直接法和听说法的优点，并发展了情境视觉感知能力，形成了独特的幻灯情境视觉与同步录音听觉相结合的方法体系。

和听说法一样，视听法的理论基础是结构主义语言学和行为主义心理学。视听法强调培养学习者的口语能力，主张英语教学要培养学习者听、说、读、写的能力，而不是要求他们掌握语音、语法、词汇等知识。视听法把英语教学过程归结为"刺激—反应—强化"的过程，视听结合的方法比单纯依靠听觉或视觉理解、记忆和储存的语言材料要多得多。视觉形象为学生提供进行形象思维的条件，促使学生自然和牢固地掌握英语。听觉形象有助于学生习得正确的语音、语调、节奏，获得遣词造句的能力。作为在欧洲大陆发展起来的英语教学法，视听法还在一定程度上吸收了格式塔心理学的主张，它认为人对语言的认识具有整体性，而且人的视觉、听觉等感知能力也能对刺激形成整体反应。因此，英语教学需要从各个方位向学习者展示目的语，从而使学习者的感知能

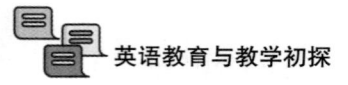

力得到整体运用。

视听法具有以下主要特点。

①听说领先，集中强化教学。集中三个月，用250～300课时进行强化教学，以使学生掌握基本的口语能力。在口语基础上培养书面语能力。

②以句型为中心。讲明句子结构、归纳句型进行教学，是后期视听法教学的重要部分。

③限制使用母语。用英语讲解以培养语感。

④创设情景，进行语境教学。图像、录音视听结合，使所学英语与情景建立直接联系。

⑤重视具备整体结构的对话教学。完整的对话是视听法教学的基本单位，对话既有利于培养口语能力，又能使课堂变得更生动活泼。

⑥充分利用幻灯、录音等电教设备。

视听法发扬了直接法、听说法的长处，是英语教学手段的一种创新。它改变了原有教学手段的单一性，丰富了教学手段，在教学中广泛使用现代化教学技术设备，使语言与形象紧密结合，在情景中整体感知英语的声音和结构。电化教学手段直到今天仍然被广泛使用，不断发展的声像技术、多媒体、网络等被运用于英语教学，这是视听法的一大贡献。视听法的不足之处与它的鲜明特点紧密相连：过分强调视觉直观作用，忽视对抽象词汇和语法结构的处理和讲解；过分重视语言形式训练，忽视交际能力的培养；过分重视语言整体结构，忽视分析语言的有机构成；过分强调口语，忽视书面语的作用，致使学习者的阅读、写作能力得不到相应的发展。

视听法没有得到广泛的应用，是因为它自身的局限性。一方面，它的理论基础跟直接法和听说法相比没有很大变化，因此其主要教学原则也与后二者高度一致。除了声像配合教学这一创新点之外，没有更多的建树。另一方面，视听法的教学目的是短期内快速地培养成年人的英语口语能力，所以它以口语为主，排除母语和目的语文字等。这些做法显然不能适应长期的英语教学。理论基础和短期教学目的决定了视听法最终只能作为一种配合英语教学的手段，而没能形成颇具影响力的教学法流派。

二、现行的英语教学法

（一）情境教学法

1. 情境教学法的理论基础

情境教学法形成于 20 世纪 70 年代，此后逐渐发展成为一种语言教学中的基本思想和教学方向。情境教学法的语言理论基础主要是建构主义理论，情境教学法与建构主义理论观点有着密不可分的联系。因此，在这里我们首先讨论的是有关建构主义的基本知识。

（1）建构主义理论背景

建构主义有广义和狭义之分。广义的建构主义有着深厚的思想渊源，古希腊的主观唯心主义哲学、不可知论、怀疑论是建构主义最早的思想源泉。冯·格拉塞斯菲尔德认为，建构主义的思想起源于 18 世纪初的意大利学者维柯。维柯对建构主义产生了较大的影响。他认为，人能够认识人类历史是因为人创造了人类的历史，而上帝能认识自然界是因为上帝创造了自然界。其后，哲学家康德进一步拓展了建构主义思想。之后，随着心理学的不断发展以及心理学家对人类学习过程中认知规律研究的不断深入，到 20 世纪后期，建构主义学习理论在西方逐渐流行起来。

建构主义是认知心理学派的一个重要分支，建构主义理论有两位重要的先驱者，他们是瑞士学者皮亚杰与苏联心理学家维果斯基。

①皮亚杰的观点。皮亚杰是认知发展领域最有影响的一位心理学家，他所创立的关于儿童认知发展的学派被人们称为日内瓦学派。这一理论是他通过长时间对儿童认知发展的观察和研究后得出的。皮亚杰认为，对新知识的掌握是一种智力活动，而每种智力活动都含有一定的认识结构。对智力行为来说，外界的刺激与主体的反应之间的关系应当是双向的。

皮亚杰关于建构主义的基本观点是，儿童是在与周围环境相互作用的过程中，逐步建构起关于外部世界的知识，从而使自身认知结构得到发展的。儿童与环境的相互作用涉及两个基本过程，即同化与顺应。同化是指个体把外界刺激所提供的信息整合到自己原有认知结构内的过程；顺应是指个体的认知结构因外部刺激的影响而发生改变的过程。同化是认知结构数量的扩充，而顺应则是认知结构性质的改变。认知个体通过同化与顺应两种形式来达到与周围环境的平衡：当儿童能用现有图式去同化新信息时，他处于一种平衡的认知状态；而当现有图式不能同化新信息时，平衡即被破坏，而修改或创造新图式（顺应）

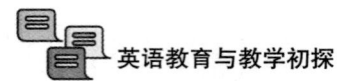

的过程就是寻找新的平衡的过程。儿童的认知结构就是通过同化与顺应过程逐步建构起来的,并在"平衡—不平衡—新的平衡"的循环中得到不断发展。皮亚杰的同化、顺应和平衡等核心概念被后来的建构主义学习者继承与发展。

②维果斯基的观点。维果斯基提出的"文化历史发展理论",强调认知过程中学习者所处社会文化历史背景的作用。在维果斯基的社会建构主义理论中,"最近发展区"是最有影响力的概念和理论之一。"最近发展区"可用来解释社会互动的过程如何帮助儿童内化高级心智功能。维果斯基认为,个体的学习是在一定的历史、社会文化背景下进行的,社会可以对个体的学习发展起到重要的支持和促进作用。在教学语境下,"最近发展区"实质上涉及的是教学与儿童发展之间的关系。维果斯基认为,教学必须要考虑儿童已达到的水平并要走在儿童发展的前面。为此,就要确定儿童的发展水平。维果斯基认为儿童的发展有两种水平:一种是儿童现有的发展水平,即现实的发展水平;一种是儿童在有指导的情况下借助成人的帮助可以达到的解决问题的水平,或是借助他人的启发帮助可以达到的较高水平,即潜在的发展水平。现实的发展水平与潜在的发展水平之间的区域就是"最近发展区"。在此基础上,以维果斯基为首的维列鲁学派深入研究了"活动"和"社会交往"在人的高级心理机能发展中的重要作用。这些研究使得建构主义理论得到进一步丰富和完善,为实际应用于教学过程创造了条件。同时,维果斯基还强调社会文化、对话等因素在学习中的重要作用。总之,维果斯基的思想对正确理解教育与发展之间的关系具有重要意义。

③总结。虽然皮亚杰和维果斯基的理论各有侧重,如皮亚杰更强调个人建构,而维果斯基更重视社会建构,但总体来说,在基本方向上,皮亚杰和维果斯基都是建构主义者。他们的思想对后来的建构主义学习理论产生了重要影响,并奠定了建构主义的两大方向:个人建构主义与社会建构主义。

此外,在皮亚杰的"认知结构说"的基础上,科恩伯格对认知结构的性质与发展条件等做了进一步的研究;斯腾伯格和卡茨等人强调个体的主动性在建构认知结构过程中的关键作用,并对认知过程中如何发挥个体的主动性做了认真的探索。

建构主义还引入了其他一些学习理论的思想。例如,美国著名学者斯金纳继承和发展了行为主义思想。他提出了行为主义关于言语行为系统的看法,认为人们的言语及言语的每一部分都是由某种刺激的存在而产生的。换言之,斯金纳的学习理论非常重视直接经验在学习过程中的作用。而建构主义也认为直接经验在学习中起着重要的作用,并进一步强调真实情境在学习过程中的重要作用。

(2)建构主义理论的观点

对于建构主义理论的主要观点,我们主要从以下几个方面进行阐述。

①知识观。建构主义理论认为,知识是相对的而非绝对的,知识在各种情境下的运用并不是简单套用。因为知识只不过是人们对客观世界的一种解释、假设或假说,它并不是问题的最终答案,也必将随着人们认识程度的深入而不断地变化、完善,出现新的解释和假设。又由于具体情境总有自己的特殊性,因此教学过程并不是简单的、教条式的背诵和记忆,而需要把握它在具体情境中的差异。从这个角度来说,教学并不是知识的传递,而是对知识的处理和转换。教师不能作为知识权威的象征强迫学生接受知识,而应重视学生自己对各种现象的理解,倾听他们的看法,思考他们这些想法的由来,并以此为依据,引导学生丰富自己的知识。知识不可能以实体的形式存在于个体之外,尽管语言赋予了知识以一定的外在形式,并且获得了较为普遍的认同,但这并不意味着学生对这种知识有同样的理解。真正的理解只能由学习者基于自己的经验背景而实现,取决于特定情况下的学习活动过程。

②学生观。建构主义认为,学生并不是空着脑袋进入学习情景中的。在日常生活和以往各种形式的学习中,他们已经具备了有关的知识经验,并且对任何事情都有自己的看法。即使有些问题他们从来没有接触过,没有现成的经验可以借鉴,但是当问题呈现在他们面前时,他们还是会基于以往的经验,依靠他们的认知能力,形成对问题的看法,提出他们的假设。正因为学生本身并不是一张白纸,他们在以往的学习和生活中已经形成了一定经验和认知结构图式,因此这些原有认知结构图式和经验对他们建构新知识具有特别重要的作用。对不同学生而言,这些各自不同的认知结构图式与经验恰恰构成了一种宝贵的学习资源。学生以自己的方式建构对事物的理解,导致不同个体看到的是不一样的事物。而学生通过协作和对话来共享不同个体的思维成果,可以实现对知识较为全面和丰富的理解。对教师而言,教学不能无视学习者已有的知识经验,简单强硬地从外部对学习者实施知识"填灌",而应当把学习者原有的知识经验作为新知识的生长点,引导学习者从原有的知识经验基础上获得新的知识经验。

③学习观。学习并不是被动地接收信息刺激,而是主动地建构意义,是学生根据自己的经验背景,对外部信息进行主动的选择、加工和处理,从而获得学习意义的过程。外部信息本身没有什么意义,意义是学习者通过新旧知识经

验间反复的、双向的相互作用过程建构而成的。学习意义的获得是每个学习者以自己原有的知识经验为基础，对新信息重新认识和编码，建构自己的理解的过程。在这一过程中，学习者原有的知识经验因为新知识经验的进入而发生改变。同化和顺应是学习者认知结构发生变化的两种途径或方式。同化是认知结构的量变，而顺应则是认知结构的质变。同化—顺应—同化—顺应……循环往复，平衡—不平衡—平衡—不平衡，这样相互交替，而这就是人的认知能力的发展过程。学习不是简单的信息积累，更重要的是包含新旧知识经验的冲突以及由此而引发的认知结构的重组。学习过程不是简单的信息输入、存储和提取，而是新旧知识经验之间双向的相互作用过程，也就是学习者与学习环境之间互动的过程。

④师生观。建构主义非常重视外部的引导，即教师的影响作用。建构主义理论认为，在教学过程中，教师应该成为学生构建意义的帮助者和引导者，尽可能地激发学生的学习兴趣，帮助他们形成良好的学习动机。在此基础上，教师应该设计合适的教学情境和加强新旧知识的联系，帮助学生建构起所学知识的意义。就教师的角色而言，一方面，教师应从传统的传递知识的权威者转变为学生学习的辅导者，成为学生学习的高级伙伴或合作者。例如，学生学习需要采取一种新的认知加工策略，形成自己是知识的建构者的心理。对此，教师必须为学生提供元认知工具和心理测量工具，从而培养学生联系的、批判的认知加工策略，以及自己建构知识意义的心理。

另一方面，教师要成为学生建构知识的积极帮助者和引导者，激发学生的学习兴趣，引发和保持学生的学习动机。通过创设符合教学内容要求的情景和提示新旧知识之间联系的线索，帮助学生建构当前所学知识的意义。为使学生的意义建构更为有效，教师应尽可能组织协作学习，展开讨论和交流，并对协作学习过程进行引导，使之朝有利于意义建构的方向发展。

就学生的角色而言，学生是教学活动的积极参与者和知识的积极建构者。建构主义要求学生面对复杂的真实世界的情境，并在复杂的真实情境中完成任务。因而，学生需要采取一种新的学习风格、新的认识加工策略，形成自己是知识与意义的建构者的心理模式。具体来说，学生要用探索法和发现法去建构知识的意义，要主动去搜集和分析有关的信息资料，对遇到的问题提出各种假设并努力加以验证。学生还要善于把当前学习内容尽量与自己已有的知识经验联系起来，并对这种联系加以认真思考，因为联系和思考是意义建构的关键。

2.情境教学法的原则

（1）意识与无意识统一、智力与非智力统一原则

这两个原则是实现情境教学法的基本条件。人在学习做事的过程中，一方面需要集中思维，培养刻苦和钻研精神；另一方面又要充分调动兴趣、愿望、动机等这些无意识的潜能，因为它们对智力活动具有重要的促进作用。具体到教学过程中，教师要将学生视作理智与情感同时活动的个体，不要一味地告诉他们要努力要刻苦，而是要想方设法地去开发学生身心各方面的潜能。事实上，这一原则就是告诉我们要保持一种精神的集中与轻松并存的状态。学生在学习中松弛有度、有张有弛，自然会取得更好的学习效果，而这也正是情境教学法所追求的效果。

（2）轻松体验原则

在情境教学法中，教师要时刻在轻松愉快的情境或气氛中引导学生形成问题意识，并展开自己的思维和想象去寻求答案、分辨正误。轻松体验的原则强调，学生思维的"过程"与"结果"同样重要，目的在于使学生觉得思考和发现问题是一种快乐，而不是一种强迫或负担。

（3）学生自主原则

一方面，师生之间必须保持良好的互信关系，因为良好的师生关系是情境教学法实施的基本保证。在这里，我们可以将情境教学理解为一种师生在特定情境下进行的交往。师生之间只有相互信任、相互尊重，才能共同顺利地完成教学任务。因此，不仅教师必须充分了解学生，学生也必须充分了解教师，彼此之间要形成一种默契。

另一方面，在师生之间互相信任和尊重的前提下，要侧重学生的自主性。换句话说，应确定学生在教学过程中的主体地位，教师要鼓励学生进行独立思考并勇于自我评价，从而培养学生的创新精神和主动精神。由此，在情境教学中，教师要从学生的实际出发，使学生在完成学习任务的同时获得社会实践体验。

3.情境教学法的应用

（1）设计情境

建构主义理论认为，语言学习是与一定的社会文化背景即情境相联系的，利用现实情境提供的场景，学生将自身原有的相关经验和知识与当前学到的新知识连接起来，从而将新知识吸收并纳入自身已有的认知结构中。据此应当设

计能够引导学生积极参与学习活动的真实情境。在情境的设计过程中，应考虑以下几个主要因素。

①任务的呈现。在向学生呈现学习任务时，应当同时描述任务中的问题产生的物理背景及社会文化背景。问题的呈现方式还应当是有趣的或吸引人的，目的是引导学习者积极参与。这一点教师可以通过网络技术将任务用文本、视频或音频的方式呈现。此外，在问题呈现的过程中教师还应当为学生留出足够的操作空间，并允许他们自己做出决策。

②教师的指导。建构主义倡导以学生为中心，认为他们是知识意义的主动建构者，也是信息加工的主体。而教师则是整个教学过程的指导者、组织者和协调者，对学习者的意义建构起着指导与促进作用。无论是教学设计还是学生的学习过程，都始终离不开教师的认真组织、有效启发与精心指导。因此，在以学生为中心的同时，决不能忽视教师的指导作用。以学生为中心的教学设计如果没有了教师的指导，必然会成为没有目标的盲目探索。

③相关范例的提供。学生要理解和解决任何问题都需要他们对此类问题有一定的经验，并能建构相应的心理模型，因此为学生提供相关的范例是很有必要的。具体来说，应当提供一系列学习者可能会参考的相关经验，例如要解决的问题的多种观点、视角、思路等。这不仅有助于学生解决当前问题，而且可以补上其认知结构中的空缺。

④自主学习设计。情境教学法强调学生要主动建构知识的意义，因此自主学习设计是设计出促进学生主动建构知识意义的学习环境中的重要一环。学生是学习过程的主体，学生的自主学习是对所学知识实现意义建构的内因，而恰当的情境是促进学生主动建构知识意义的外部条件，即外因。外因通过内因才能起作用，学生在适当的情境下通过主动探索、主动发现，并借助自主学习活动完成知识意义的建构过程。可见，自主学习设计是情境设计中必不可少的。

⑤信息资源。在建构情境时，必须确定学生所需要信息的数量和种类，以建构问题模型和提出解决问题的假设。情境中可以提供的信息资源包括可供学生选择并随时可得的与解决问题有关的各种信息和知识，如文本、图形、图片、声音、视频、动画等，以及通过网络获取的各种相关的资源。

⑥认知工具。所谓认知工具，是指支持和扩充学生思维过程的心智模式和设备，通常是可视化的智能信息处理软件，如专家系统、知识库等。由于学习者受已经掌握的知识和感官输入信息能力的局限，因此其对认知资源的获得也受到限制。而认知工具能够提供组织或呈现各种信息的机制，学生借此可以进行信息与资源的获取、分析、编辑，并以此表达自己的思想。

（2）构建意义

建构主义的教学过程大体可以描述为：创建与当前学习主题内容相关且尽可能真实的情境，利用生动直观的形象有效激发联想，唤醒长期记忆中有关的知识或经验，从而激发学习者参与学习的积极性，帮助他们实现大脑中原有的相关经验与新知识之间的连接，使学习者能对原有知识结构进行调整，以便使新知识被吸收并纳入大脑中的知识体系中去。在这个过程中，学习者完成了对问题的理解、知识的应用与意义的建构。而如果课堂上缺乏真实的情境，由于不具备实际情境所具有的生动性、丰富性，那么学生的联想便得不到有效激发，学生也就难以提取长期记忆中的有关内容，最终学生对输入语言的意义构建也会产生困难。可见，意义的建构与情境的设计是相辅相成的。在情境教学法中，意义建构的方法和步骤主要包括以下几个方面。

①教学目标的分析

建构主义始终强调学生在学习过程中的主体地位，学生是意义的主动建构者，一切学习活动的设计都应围绕"意义建构"这个中心来展开。然而，每一阶段或每一堂课的学习内容总是由不同的若干知识点构成，而且每个知识点的重要性及其特点都不相同。例如，有的知识属于一般性知识，学习者做一般了解即可；有的知识则属于基本的概念与原理知识，学习者必须加以掌握。因此，要想完成意义建构，首先必须对所学的内容进行教学目标的分析，在此基础上才能确定当前所学知识的基本内容。

②教学结构的设计。建构主义虽然始终强调学生在学习过程中的主体地位，但绝对不是要忽略教师的指导作用。教师作为指导者与协调者，必须参与教学过程，并给学生适当的指导。而教师要参与教学过程，就必然涉及对教学活动过程的控制与优化问题，也就是教学结构的设计问题。

简单来说，教学结构的设计是指对师生之间、学生与学生之间因交互作用而形成的动态过程的设计。教师应在建构主义的学习理论和教学理论指导下，运用系统观点和动态观点审视和反思教学中的各个环节、各个环节的作用和相互关系，继而形成一个动态的、稳定的教学结构进程。

③自主学习策略的设计。意义的建构离不开自主学习策略的设计，它是完成意义建构的基础。设计自主学习策略的目的就是帮助学生学会学习，即帮助学生根据学习目的和要求独立地选择有效的学习方式。在自主学习策略设计中，元认知策略设计非常重要。元认知策略是学生在学习过程中所采用的学习策略之一，包括对学习过程中所运用的心理策略的选择、学习时对学习的监控和学习后对学习效果的评估等。元认知策略旨在提高学习者对学习过程的把控意识，

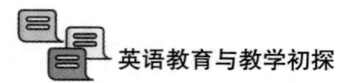

培养其自主学习的能力。元认知策略设计是情境教学中学习者完成意义建构的重要保证。元认知策略是训练设计，包括计划、自我管理、自我监控、自我评估、资源利用和需求分析等方面的内容。

④信息技术辅助作用的设计。随着信息技术在教育教学领域的普及应用，学生的学习资源也越来越丰富。因此，在意义建构过程中，不应忽视信息技术的辅助作用设计。信息技术的辅助作用设计是指应当确定一定情境下学习某一主题所需要信息资源的种类以及每种信息资源在学习该主题过程中所起到的作用。在这个过程中，如果学生对于获取相关信息的出处、手段、方法以及如何有效利用这些资源等方面有疑惑，教师应及时提供帮助。

⑤协作式学习活动的设计。协作式学习活动的设计目的是为多个学生提供对同一问题用多种不同观点进行观察、比较、归纳、总结的机会，帮助学生掌握知识、运用知识和深化对问题的理解。开展协作式学习活动既有利于教师主导作用的发挥，又有利于学生自主探索角色的体现，而且还有利于培养学生之间的合作精神。在协作式学习活动中，课堂讨论是常用的活动形式之一，主要由教师引导。它主要涉及以下几个方面。

一是在"最近发展区"理论的指导下，教师要站在稍超前于学生智力发展的边界上加以引导，而不是直接告诉学生问题应当如何解决。

二是教师应当围绕已经确定的主题内容来设计能够引起学生讨论或争论的问题。

三是教师应当善于发现学生在讨论过程中暴露出来的对某个知识点的学习所存在的问题，并及时加以纠正。

四是在学生的讨论结束后，教师应对学生在协作学习过程中的表现给予恰当的评价，或引导学生对自己在协作过程中的表现进行反思。

⑥学习过程与学习效果评价的设计。评价是一个系统的、有计划、有组织地收集和分析信息的过程，评价的目的是诊断学生在学习过程中存在的问题与不足，激励和促进学生取得更加令人满意的学习效果。因此，对学习过程与学习效果评价的设计是教师和学生对教学和学习实施监控的重要手段。值得一提的是，评价不等于测试。测试的目的在于甄别和选拔，而评价的目的是为教师调整教学方式、学生调整学习策略提供反馈。

（二）任务型教学法

1. 任务型教学法的含义与目标

（1）任务型教学法的含义

任务型教学法是从 20 世纪 80 年代逐渐发展起来，广为应用语言学家和英语教学实践者所认可和接受的一种英语教学方法。任务型教学法是对交际教学法的发展，是一种强调"在做中学"的语言教学方法。任务型教学理论认为，掌握语言大多是在活动中使用语言的结果，而不是单纯训练语言技能和学习语言知识的结果。在教学活动中，教师应当围绕特定的交际和语言项目，设计出具体的、可操作的任务，学生通过表达、沟通、交涉、解释、询问等各种语言活动形式来完成任务，以达到学习和掌握语言的目的。

任务型学习将任务置于教学的中心，视学习过程为一系列直接与课程目标相联系并服务于课程目标的任务，其目的超越了为语言而练习语言。任务型教学的基本特征是以"任务"为核心计划、组织教学，它采用任务大纲，以任务为单位组织教学单元，以任务的完成为教学目标。在任务型教学中，通常一个任务组成一个独立的教学单元，全部教学活动围绕任务进行，服务于任务的完成。但任务型教学或任务型学习中的任务不是一般的、孤立的或者是可以任意组合的课内或课外的教学或学习活动，而是整个系统或课程中的一个有机组成部分。

（2）任务型教学法的目标

①语言运用目标。对语言的综合运用能力是任务型教学法的一个基本目标。对语言能力的综合发展目标又可以分为以下三个具体目标。

其一，准确性。准确性是指规范地使用语言，按语法的规则表达。不准确的语言会影响交流的有效性，长期使用不正确的语言还可能形成固化，即形成固定的错误。许多任务型语言教学的倡导者都把语法、语言的准确性放在第一位，即注重语法的形式，让学生知道如何使用这些语言的形式，以达到交际的目的。

其二，流利性。流利程度是所有语言教学都追求的目标之一。任务型语言教学在注重语言准确性的同时，非常注意用各种各样的方式提高学生的语言流利程度。在实际的语言交流中，如果没有达到一定的流利度，对方恐怕不愿意继续交流下去。一些学者指出，人们在使用语言时头脑中存储的不是单个的词语，不是支离破碎的语言，而是一块一块的语言，是一些预先组织好的短语和固定的表达方法。因此，在任务型语言教学中，教师在发展学生的语言能力的

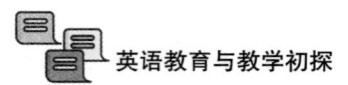

时候，重要的不仅仅是单个的语法结构，而且还包括综合的语段。让学生掌握预先组织好的短语和固定的表达方法，综合使用语言来交流，那么他们的语言准确程度与流利程度都会得到提高。

其三，复杂度。斯凯恩把复杂度又称为"重构"，他引用了麦克劳克林对于"重构"的定义，即重构是使中介语言系统更加复杂、更精细、体系更完整的过程。之所以重视复杂度，是因为它可以使语言使用者在交际时更有效地表达，避免词不达意或由于不能准确地表达意思而采取迂回的表达方法。在任务型教学中，要促进学生复杂度的发展，需要让学生有重构的机会。其中一个方面就是要为学生提供使自己的语言系统更为复杂的机会，也要有使语言中介系统更为复杂的发展机会，而这正是任务型语言教学倡导者认为任务可以起到的作用。

②素质教育目标。任务型语言教学不仅倡导从语言教学的角度来认识任务的作用，还从人的发展与人的培养方面看待任务的作用。从本质上说，任务型语言教学是人文主义的教学理念。按照利尔特伍德的观点，任务型语言教学有三个层次的任务：第一个层次只涉及交际；第二个层次涉及认知；第三个层次是人的全面发展。

具体来说，第一个层次的任务是在某个特定的情景或某个特定的语言范围内发展学生的交际能力。任务通常是围绕特定的功能或解决简单的问题，此时学生使用的语言结构通常比较简单。第二个层次的任务范围比第一个层次的任务范围更为广泛。这类任务不仅发展学生的交际技能，而且也发展一般的认知策略、处理信息与组织信息的能力。第三个层次的任务则不仅培养交际能力与认知策略，也通过学生学习英语的经历和体验发展学生的个性。这就不仅仅是语言方面的目标，而且有更深层次的教育目标，包括文化意识、情感态度等，还包括发展创造性思维与个人的人际交往能力。

2. 任务型教学法的原则

任务型教学法并没有公认的教学原则，不同的学者从不同的角度提出了有关的教学原则、教学理念和教学特点。下面我们从一般原则和具体任务设定原则两个角度分别进行阐述。

（1）一般原则

①真实性原则。真实性原则主要涉及两个方面。第一，学习任务的设计要为学生提供明确、真实的语言信息，使学生能在一种自然、真实或模拟真实的情境中体会语言、掌握语言。第二，教师所用的语言材料应尽可能真实，并与学生的实际生活和学习结合起来。

②互动性原则。互动性是交际的核心，语言学习本身的最终目的是要学会用语言交际。所谓互动性，指两人或两人以上相互交流思想、情感或想法的活动，其结果是交流的各方从中受益。费兹认为，学习者在参与活动与完成任务的过程中，是通过有目的的交互活动掌握语言的。

互动性的重要作用集中体现在能够促进语言自动性的生成，这是二语习得研究者从儿童语言习得探究过程中获得的启发。儿童往往能较快地从对一条条语言项目的仔细关注、逐一加工转换为一种快速自动加工方式，对语言形式的关注则是次要的和随意的。与之相比，成人语言学习者的这一转换过程往往来得缓慢，因为他们长期处于分析型、控制型模式中，关注琐碎的语言项目。布朗认为，有效的语言学习应经历一个从对少量语言形式的控制及时地过渡到对相对无限的语言形式的自动加工过程，而互动被认为是促进这种自动性形成的最有效途径。在互动中学生可以把注意力放在意义的表达和信息的理解上，而不再是语法或其他语言形式。这样，学生便从语言控制中解脱出来，将其拥有的语言全部用于（类似）真实的生活交际中，进行真实意义的表达。

此外，学生在互动中可以学会在各种情形下使用不同的语言表达方法和技能。比如在与别人对话时，如何适时地停顿、如何转换话题以达到表达自己意思的目的，如何客气地打断别人的谈话而又不至于引起别人的反感等。

③过程性原则。交际是一个过程，同样，交际能力的获得也是一个过程。它以具备方方面面的知识技能为前提，但这些知识技能能否相互转化发展为交际能力，在相当程度上取决于学习者是否具备过程能力。因此，任务型教学的过程性原则要求将学生注意力吸引到学习过程上来，帮助学生培养过程能力。这就决定了任务型教学要以任务组织和活动为教学内容，重视学生的积极认知参与及其对学习内容的主观感受与情感体验，创造接近真实的语言环境，使学习者在完成任务时探索归纳，从中发现并运用规则，在用目的语同他人交流的过程中感悟语言、内化语言、学会交际。

④形式与意义相结合原则。隆认为，注意语言形式与意义是任务型语言教学的主要原则之一，语言的意义与形式是学习的基础。斯凯恩在他提出的五个设计任务的原则中，反复强调既要注意语言的意义，也要注意语言的形式。他认为，如果仅仅让学生做任务，即使这些任务可以引起学生的积极性，那也是不够的。因为学生只完成任务而没有注意语言形式，那么虽然学生可能完成一些任务，但是这些任务可能没有重点。而且如果只考虑交际和完成任务这个目的，学生可能会全靠交际策略和单个的词语达到交际目的，而不去注意语法结构。可见，任务型语言教学十分强调语言形式与意义的紧密结合。任务的设计

应注重语言形式和语言功能的结合，使学生在掌握语言形式的同时，培养其发挥语言功能的能力。此外，由于每一项任务的设计都具有一定的导入性，学生在学习语言形式的基础上，可以通过系列任务的训练，自己进行推理和演绎，从而理解语言的功能，并在交际中进行实际运用。

⑤扶助原则。对师生而言，教师是以合作者的身份对学生进行帮助与扶持的。这种帮助与扶持又涉及认知需求与情感状态两个方面。从认知的角度来看，教师应当引导学生调动已有的背景知识和语言资源，帮助学生完成学习任务。在这个学习过程中，学生可以与教师或同学"共同构建"要说的话和要完成的任务。从情感的角度来看，任务型语言教学倡导小组活动、合作学习。合作学习可以维持学生的兴趣，并在解决问题时减少因学习产生的挫折感等。

对于学生而言，他们可以相互支持、协助与合作。这里主要涉及学生个人经历对学习的促进作用。学生对知识的学习并不是简单的套用，而是在其原有知识结构、经验背景的基础上，经过新旧经验双向交互作用形成对知识意义的理解。因此，一方面，学生通过特定任务的情境，在用目的语完成任务的过程中加深对目的语系统的领悟与理解；另一方面，学生之间不同的知识结构与经验背景可以在互动中交流与共享，从而促进共同学习。

（2）任务设定原则

任务型教学法必然会涉及任务的设计，在任务设计过程中，应当遵循以下几个原则。

①相关性原则。任务设计的相关性原则主要体现在以下两个方面。

一是学习任务设计中的相关性。教师在设计单元学习任务时，应注意由易到难，由简到繁，层层深入，形成由初级任务向高级任务以及高级任务涵盖初级任务的循环体系，保证教学阶梯式地层层递进。而学生的语言能力则通过完成每一项任务逐步得到发展。此外，任务的设计不仅要由易到难，还应从接受性任务向表达性任务过渡。如听和读的任务可先于写和说的任务，或先让学生模仿录音或教师的语言，再让学生将以前学习过且熟悉的语言与当下学习的语言重新组织，创造出新的组合。

二是课堂语言学习与课英语言运用的相关性。将课堂学习与课外运用紧密联系起来，一是可以缩小课堂与社会的距离，把学生当作社会的人，通过学习促进学生的社会化；二是能够有效激发学习者的内在动机。学习理论研究表明，内在动机更能促使学生积极投入学习中去。当学生发现所学内容与他们的实际生活紧密联系，可以马上用于应对生活中的交际问题时，他们的学习兴趣和积极性将被充分调动起来。

②明确性原则。教学任务应该明确体现教学目的、教学要求和教学重难点。也就是说，教师应在制定任务前弄清楚本次教学要解决什么问题、学生需掌握什么知识。同时，教师对任务的布置不能停留在表层，仅仅止步于简单创设任务情境，这就要求教师应尽量避免抽象、泛泛地布置大体任务、大体框架，而应该具体呈现任务内容，包括任务所要达到的目的、完成任务需要经历的不同阶段、时间安排、步骤的具体实施办法、合作方式等细节内容。只有这样，教师才能真正做到有的放矢，学生才能确定完成教学任务、达到合格要求需要努力的方向。明确的任务目标能使有限的教育资源得到最为充分的利用。

③实用性原则。任务的设计不能仅注重形式而不考虑它的效果。课堂任务总是服务于教学的。因此，在设计任务时，要避免为任务而设计任务。任务设计者要尽可能为学生的个体活动创造各种条件，利用有限的时间和空间，最大限度地为学生提供互动和交流的机会，达到预期的教学目的。

④挑战性原则。尽管自主学习以学生自学为主，但过于简单或者困难的内容都是不适宜的。从心理上来说，过于简单的内容容易使学生丧失学习兴趣，并且在心理上产生骄傲自满等不端正的学习态度。过于困难的任务又会打击学生的自信心，使学生产生畏难情绪。因此，学习任务的设计应该立足于学生的具体情况、实际水平，增加一定的挑战性，这样才能充分激发学生的学习动机和兴趣，刺激他们的征服欲，激发学生积极性、创造性思维，增强其自信心，变"要我学"为"我要学"并最终实现"要学好"。任务的挑战性越大，学生完成任务后得到的满足感、自豪感就越强烈，更能激发长久的、持续的学习兴趣。

⑤连贯性原则。连贯性原则涉及任务与任务之间的关系，以及任务在课堂上的实施步骤和程序，即怎样使设计的任务在实施过程中达到教学上和逻辑上的连贯与流畅。任务型教学并非在一堂课中穿插一两个活动，也并不是一系列活动在课堂上的毫无关联的堆积。任务型教学是指教学通过设计一组或一系列的任务来达到教学目标。在任务型教学中，一堂课的若干任务或一个任务的若干子任务应相互关联，具有统一的教学目的或目标指向，同时在内容上相互衔接。

⑥趣味性原则。通过有趣的课堂交际活动有效地激发学习者的学习动机，使他们主动参与学习，这是任务型教学法的优点之一。因此，在任务设计过程中，很重要的一点便是考虑任务的趣味性。机械的、重复的任务类型可使学生失去参与任务的兴趣，因而任务的形式应多样化。需要注意的是，任务的趣味性除了来自任务本身之外还可来自多个方面，如多人的参与、多向的交流和互

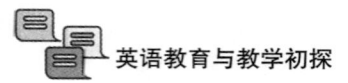

动,任务完成过程中的人际交往与情感交流,以及解决问题过程中或完成任务后的兴奋感、成就感等。

⑦可操作性原则。在任务设计过程中,应考虑它在课堂环境中的可操作性问题,应尽量避免那些环节过多、程序过于复杂的课堂任务。必要时,教师可以为学生提供完成任务的操作模式。

3. 任务型教学法的应用

(1) 任务前阶段

任务前阶段又涉及两个小阶段,即任务准备阶段和任务呈现阶段。任务前阶段主要有两个目的,一是激活学生已有的知识资源,帮助学生重构语言系统与更新思维方式;二是使学生具备完成任务所需要的语言知识和文化知识,减轻在下一阶段完成任务时的认知压力,从而使学生真正成为主动学习者。

①任务的准备。任务的准备主要涉及两个方面的内容,一是作为任务参与主体的学习者所需获取、处理或表达的信息内容;二是作为任务参与主体的学习者获取、处理或表达这些信息内容所需的语言知识、技能或能力。在任务准备阶段,还需特别注意两个问题,即语言输入材料的真实性和任务的难度。语言输入材料的真实性指在任务型教学中所采用的语言教学材料所具有的自然的口头语言和书面语言的品质程度。在课堂教学中,教师的教学材料既有自然交际环境下具有的真实性特点,同时也具有在课程标准指导下模拟自然交际环境真实性的特点,这共同构成了英语课堂环境下的语言输入材料的真实性。而任务的难度则主要由三个方面的因素决定:一是要学习的内容,二是活动的类型,三是学习者自身的因素。

②任务的呈现。任务的呈现是指教师在教授新语言之前向学生展示要求学生运用所学新语言完成的任务,即通常所说的任务介绍。此时,教师应当结合学生的生活或学习经验创设有主题的情境,以此激发他们的好奇心和学习动机。在这一阶段,教师所要做的是给学生提供与话题有关的环境以及思维方向,并使所要学习的新知识与学习者已有的知识结构建立某种联系,调动学生的求知欲,使学生有想说的强烈欲望,满怀兴奋和期待地开始新课程的学习。在这一环节中,教师需要遵循先输入、后输出的原则,也就是说,在学生激活了完成任务所必需的语言知识和语言技能后再导入任务,这样做不仅能促进学生学习的顺利进行,而且也可为下一个环节奠定基础。

(2) 任务中阶段

任务中阶段即任务实施的阶段,也是学生语言技能的主要习得阶段。在这个阶段，任务的选择极为关键，任务的难度过高或过低都不利于学生的学习。因此，教师要合理把握任务的难度。虽然教学中经常出现任务难度过高或过低的现象，但教师可以采用多种方法来解决这些问题。例如，当任务难度过高时，可以利用图表、图像降低难度；当任务难度过低时，可以添加其他学习内容或设计更多具有思维挑战性和判断性的任务。

学生完成任务可以采取的形式有多种，如结对子或小组自由组合的形式，也可以由教师设计许多小任务构成任务链。其中，小组活动是比较常见的活动方式。在进行小组活动时，要有明确的个人任务与小组任务，要对学生和教师的角色进行适当的转换。当然，教师要对小组活动进行适当而明确的指导。此外，为了鼓励学生，教师也可以不做旁观者，而是参与学生的小组活动，成为小组中的一员。这样做的好处是教师可以及时地监督学生的任务实施情况，了解学生掌握新知识的程度，并根据具体的情况随时调整教学策略，以保证任务完成的质量。

（3）任务后阶段

任务后阶段主要涉及任务的汇报和评价。学生在完成任务后，可以派代表向全班报告任务完成情况，教师可以指定代表或者由小组成员推选。代表既可以由教师指定，也可以由小组推选，两种方式各有优点。当学生汇报任务时，教师应在汇报的过程中给予他们一定的指导和适当的帮助，力求学生汇报得准确、自然。

在各个小组任务汇报完毕后，教师应当与全班同学一起对任务完成情况做出评价，指出各组的优点与不足，并评出最佳小组，让学生在完成任务之后体会到成功的喜悦，同时也能认识自己的不足之处。在评价过程中，教师不仅要对结果进行评价，而且还要引导学生如何正确、理智地评价自己和他人，帮助学生形成良好的评价思维方式。对于完成情况较好的小组，要给予精神鼓励或适当的奖励。总之，任务后阶段的意义在于为学生提供了一个再做任务的机会，促进学生反思完成任务的过程，并进一步关注语言的形式。

（三）内容型教学法

20世纪80年代以来，内容与语言融合学习法（Content and Language Integrated Learning，简称为CLIL）受到了关注，以沉浸式教学法（Immersion Instruction）和内容型教学法（Content-Based Instruction，简称为CBI）为两种最具代表性的教学范式。内容型教学法与交际法具有相同的心理学和语言学理论基础，是交际教学法的一种。与交际法不同的是，内容型教学法对于学习输入的内容非常关注，主张围绕学生需要掌握的知识技能来组织语言的教学。鲁子问将内容型教学法定义为"一种主张围绕学生所学的学科内容而展开教学的交际语言教学形态"。它强调围绕学生需要获得的内容或信息，而非语言或其他形式的大纲来组织教学，以达到内容教学和语言教学相互促进、共同提高的目的。

内容型教学法的语言观主要有以下三点：①语言是一种获取信息的工具，而信息是在语篇中建构和传递的，因此，语言教学要以语篇为基础；②在现实生活中，听、说、读、写四项技能是不能分开使用的，因此，语言教学也应把四项技能综合起来进行培养；③语言的使用是有目的的，因此，学生在学习过程中要清楚所学语言材料的功能，并使它与自己的目标联系起来。

2004年在广州召开的"全国英语院校英语专业负责人联席会议暨英语专业发展战略研讨会"上，桂诗春强调："语言始终是一个外壳，语言再流利，没有内容和内涵，仍然是无法交际的。"内容型教学法关于学习理论的一个核心观点是，只有当语言被用来作为了解信息的途径而不是为了学习语言本身时，语言习得才有意义。由此核心原则衍生出下列观点：

①只有当学习者认为所学习的内容有趣、有用而且能指向预期的目标时，语言习得才能成功。如果学习内容与学习者的实际需要紧密相关，就能增强学习者的动机，促进其更有效地学习。另外，当学习者的注意力集中在思想、看法、观点等而非语言形式上时，学习者具有更强烈的学习动机。

②某些领域比其他领域更适合作为内容型教学法所依托的载体。地理通常被认为是学科学习与语言学习相结合的最佳选择，因其"具有高度的视觉性、空间性和情境性，对地图、图表、模具等辅助材料的使用，以及用大量描述性语言开展教学的特点"。另外，渥太华大学的"心理学入门"课程也获得了巨大的成功，吸引了大量的学生选修该课程。

③针对学生需要的教学才能取得最好的效果。内容型教学法强调教学内容应该根据学生的需要来选择，如选择真实语料（学生会在生活中遇到的、书面的或口头的材料）作为教学设计的出发点。对有特殊用途或学术用途的培训课程，要基于学生具体的行业需求或学术需求。

④教学应建立在学习者已有经验基础上。学生进入课堂时，大脑不是一块白板，而是已经具备了一定的学科知识。

内容型教学法的倡导者们探索出多种教学模式，将内容型教学理念描述成一个连续体，一端是内容驱动型教学，另一端是语言驱动型教学。在这两端之间存在着多种教学模式，语言与内容有着不同的权重。

完全和部分沉浸式教学以内容为主导，利用二语作为媒介，教授正规的学校课程。它的有效性更多地取决于学生对内容的掌握，对语言的掌握是一个副产品。保护式教学的授课对象是非本族语者，由学科领域专家担任教师，但在授课过程中需要关注学生的英语水平，调整教学话语使教学内容更容易被学生理解。此外，教师还需要选择符合学习者水平的教学材料，并根据学习者的语言能力调整课程要求。附加式教学强调语言学习和内容学习同等重要，附加式教学中的语言和内容融合可以通过团队合作来实现，即语言教师负责教授读写等语言技能，内容教师则负责学术内容的讲授。主题式教学通常在二语或英语教学情境中进行，课程大纲围绕主题或话题，如环境污染、妇女权益、医药卫生等来组织，最大限度地利用内容来传授语言技能。

内容型教学法秉承"做中学"的教学理念，鼓励学生进行自主学习、合作学习和体验学习。这就要求学习者扮演积极的角色，积极地理解输入材料，有较高的歧义容忍度，愿意探索新的学习策略，从多角度阐释口头或书面语言材料。学习者也可参与到学习内容和活动方式的选择过程中，为学习内容提供资源。学习者要对内容型教学有十足的信心，积极适应新的角色，成为一个合作型的、参与型的自主学习者。

在内容型教学模式下，教师应该兼具语言和专业内容两项专长。这是一个巨大的挑战，因为一个教师可能是语言专家或某个学科领域的专家，但对这两方面都擅长的人可能少之又少。一个成功的教师，必须具备下列知识和技能：学科内容知识、学科教学技能、英语知识、英语教学技能、教材的开发和选择能力、教学评估能力等。相应地，教师集多种角色于一身：需求分析者、课程设计者、教材编选者、合作者、研究者、评估者等。

内容型教学法通常选择真实语言材料作为教材。这个真实性一方面指本族语学习者所使用的教材，另一方面指来源于报纸或期刊杂志上的文章，并非为语言教学而编写的材料。与真实性相矛盾的是，内容型教学法还必须考虑学习者的语言水平，教材要具有可理解性，因此，对教材进行一定程度的语言上的简化和重难点的解释也是必要的。总之，教学材料既要具有真实性，又要具有可教性。

内容型教学法的优点在于：语言的形式、功能和意义没有被分裂开来；学生的动机增强、兴趣提高且确保了对认知有较高要求的课堂活动，从而促进了学生的认知发展。从早期的专门用途英语课程到沉浸式课程，内容型教学法已经被应用到各个层次的语言教学项目当中，如中小学英语课程、大学生英语课程、商务英语课程、职业英语课程等。然而，内容型教学法在应用中也存在一些局限性。首先，最突出的是师资问题，兼具语言知识和学科知识的教师非常匮乏。其次，不确定内容型教学法可以在多大程度上帮助学生发展其语言技能，因为学习者会首要关注对学科内容的掌握，而忽略语言使用的准确性。再次，鉴于学习者需求的多样化，很难开发市场化教材，这会导致教师花费大量时间甄选材料。最后是评估方面的问题，即应评价学生对学科知识的掌握程度还是评价学生的语言能力。

第五章 当代英语微格教学探讨

微格教学从 20 世纪 60 年代初产生至今已有 50 多年的历史，培训对象从师范生发展到在职教师及其他行业的从业人员，应用地域也已发展到世界各国。在发展应用的过程中，微格教学实践者结合了本国的国情，融入了各种教育观念和思想，由此产生了多种模式。本章分为微格教学概述、微格教学的开展模式、微格教室的设计与使用以及微格教学的设计与实施四部分。主要内容包括：微格教学的概念及特点、微格教学的发展、微格教学的理论基础、美国模式、澳大利亚悉尼大学模式等方面。

第一节 微格教学概述

一、微格教学的概念及特点

微格教学的英文为"microteaching"，在我国还被译为"微型教学""微观教学""小型教学"等。目前，国内用得较多的是"微格教学"。微格教学是 1963 年由在美国斯坦福大学执教的教育学博士爱伦发明的一种旨在培训教师掌握课堂教学技能和熟悉教学内容的方法，他认为："微格教学是一个缩小了的、可控制的教学环境，它使准备成为或已经是教师的人有可能集中掌握某一特定的教学技能和教学内容。"

用一句话概括微格教学的特点就是："训练课题微型化，技能动作规范化，记录过程声像化，观摩评价及时化。""微"是微型、片段及小步的意思；"格"取自"格物致知"，是推究、探讨及变革的意思，又可理解为定格或规格。它还限制着"微"的量级标准（每格都要限制在可观察、可操作、可描述的最小范围内）。微格教学就是把复杂的教学过程分解为许多容易掌握的单一教学技能，如导入、讲解、提问、媒体使用、课堂教学组织、学生学业成就评价等，

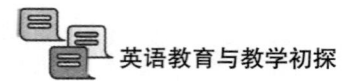
英语教育与教学初探

并对每项教学技能进行逐一研讨，借助先进音像设备、信息技术，对师范生或在职教师进行教学技能系统培训的微型、小步教学。

事实上，微格教学提供了一个进行教学技能训练的环境，使复杂的课堂教学得以分解简化，并使受训者获得大量的反馈意见。微格教学的分解和简化主要体现在以下几个方面。

（一）学习目标明确、具体

微格教学与传统的教学方法不同，它对教学过程进行分解，从简单的单项教学技能入手，制订科学的训练计划。每一项技能的达成目标要求明确、具体，常用行为目标来表述，具有可操作性，并在对教学技能进行科学分类的基础上构成完整的目标系统。

（二）学习规模小、参与性强

对受训者采取分组的方式，小组人数一般为3～5人，最多不超过10人。每人讲授时间一般为5～15分钟，听讲人由指导教师和其他受训者组成。在教学的实施过程中，每一位受训者不仅要登台讲课，展示自己对某项技能的理解、掌握及运用情况，感受做教师的真实体验。同时，受训者可以学习其他人的讲课技巧，并参与对教学效果的自评与他评，不断总结经验。这种小组式教学方式机动灵活，并可穿插其他教学方法，从而使教学方法体系化。

（三）教学实践过程声像化，反馈及时、客观

微格教学的产生与声像技术在教学中的应用是分不开的。利用声像设备把每一位受培训者的讲课过程如实、客观地记录下来，为小组讨论及自评提供了直观的现场资料。受培训者能及时看到自己的教学行为，获得自我反馈信息。有些平时不太注意的教学细节，如多余的习惯性动作、口头禅，经放大以后一目了然，印象深刻，有利于及时改正，收到"旁观者清"的效果，产生"镜像效应"。同时，也在一定程度上减轻了指导教师的教学负担，以便腾出更多的时间用于对学生教学行为进行评价和指导，从而提高了培训质量和效率。也可利用录音带、录像带的存储功能，经过一定阶段后，再次视听声像带，实现延时反馈，对受训人员进行教学技能的再强化，可达到提高教学效果的目的。另外，利用积累的大量教学声像素材，可编辑制作典型的微格教学片，形成微格教学系列教材，用于微格教学实录前的观摩及第二课堂学习中。

（四）评价技术科学合理

评价是教学过程的关键环节之一，评价指标体系的建立是微格教学的难点，也是重点。

传统教师技能培训中的评价主要是凭经验和印象，评价指标也不明确、系统。微格教学不仅对教学技能进行系统分类、明确学习内容，并对教学技能要达到的目标尽量做到细化，增强可操作性，制定科学具体的评价指标体系，运用一定的评价技术对每项技能进行公正评价。参评人员不仅包括指导教师，还包括受训者自己和其他受训者，使信息反馈多元化、教学评议民主化。评价方式做到定量评价与定性评价相结合、自我评价与集体评价相结合、评价与议论相结合，构成综合评价系统。而且评价是对照着声像记录结果的，更有针对性，更直观、具体，评价结果更客观、更符合实际。随着计算机技术的发展，计算机技术大量运用于教学实践。我们可以把大量评价数据输入计算机，从而构建评价模型，使评价结果更直观、可靠。

（五）观摩示范与模仿创新相结合

为了增加对教学技能的感性认识，对某项技能除做理论阐述外，同时提供一些优秀范例（文字的或声像的）。在观摩、评论的基础上结合给定的题目进行教学设计，并鼓励受训者积极发挥主观能动性，在模仿的基础上勇于创新，体现教学的灵活性、创造性，避免机械式学习。由于听讲"学生"是指导教师和受训者，即使在试讲的过程中出现差错，也不必担心对学校教学或学生造成不良影响，心理压力小，有利于增强其掌握教学技能的信心。每一阶段的训练项目要尽量集中，在重点进行单项技能训练的同时，注意对多种教学技能进行综合运用，由线性训练转向综合训练，使受训者对各种教学技能运用自如，达到融会贯通。

（六）对现代教育技术的掌握和应用

微格教学从开创至今已有50多年的历史，它之所以有生命力，最根本的原因是微格教学体现了现代教育技术的思想和方法，使只能意会、不能言传的教学内容成为清晰的目标。这种目标是可确认、可模仿、可通过反馈再进行观察和评价，也可控制、可操作的技能训练。

师范生或在职教师通过观摩录像示范片、准备施教前的教学设计、操作摄录机进行教学实况录像、重放教学实况录像等一系列活动，增强了其对现代教育技术的应用意识和操作技能。

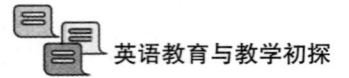

二、微格教学的发展

（一）微格教学的产生和发展

1. 微格教学的产生

微格教学是美国教育改革的产物。1958 年美国开始了全国性的大规模教育改革，它涉及课程设置、教育结构、教师培训、教学方法、教学管理和评价等教育领域各方面。作为教育改革的一个方面，关于教师培训的教学方法改革显得十分活跃，旨在改革传统的教学方法，对教师或师范生进行科学化的培训，使受培训者尽快地成为"更好一些"的教师。斯坦福大学的研究人员在对"角色扮演"（相当于我国师范生教育实习前的试讲）进行研究时，认识到在教学中教师对学生的影响与教师的素质是密切相关的，即与教师的教学技能有十分重要的关系。

因此，他们认为师范教育的重点应放在如何使教师（或师范生）掌握教学技能上，并明确提出对教学行为要有分析和反馈，以便增强培训效果；对教学技能要有系统和科学的分类，以便明确培训目的和进行评价；对每一种技能都要进行严格训练，以便使受培训者熟练掌握各种教学技能。只有这样才能使受培训者掌握综合教学技能，并形成各种教学风格。这样，微格教学便产生了。

2. 微格教学的发展状况

微格教学自 1963 年被提出后，很快推广到世界各地。美国及欧洲国家的教学人员和师范生对这种教学训练方法是一致推崇的。在英国，为了帮助师范生掌握对教学过程中可能发生的问题的处理方法，了解有关人类交流的主要沟通因素并进行分析，教授他们在课堂上与学生交流的方法，促进反馈评价，便在大学四年的教育学士课程内安排了微格教学。当他们训练完之后，再到各中学进行教育实习，进行综合教学技能的训练。随后，亚洲的许多国家和地区也开始了微格教学的研究工作。如香港中文大学教育学院从 1973 年开始采用微格教学方法训练学生的教学技能，曾以真实学生充当"角色扮演"中的"学生"，以研究被培训者的教学活动过程。后来，他们还在进修教师中开展了微格教学，并证明了微格教学对在职教师培训也同样有效。

近些年，我国的师范教育院校也进行着微格教学研究，取得了一些成就。1986 年，在上海教育学院、北京教育学院、首都师范大学等院校相继开设了微格教学课程。20 世纪 90 年代以后，全国各师范院校都陆续建立起了微格教学实验室，并将微格教学列为学生的必修课；还成立了全国微格教学研究会，开展了课题研究和教学经验交流活动。微格教学在发展过程中吸收了许多新的教学思想和科技方法，尤其是录像机、计算机等教育新媒体的应用，为教学行为的记录和分析创造了更为理想的条件；同时，微格教学课程本身也得到不断丰富和发展，不仅注重以讲授为主的教学技能训练，而且还注重以引导为主的教学模式训练。

当前，教育研究和对直接影响学生学习的一些因素的认识都发生了重大变化，微格教学能否跟上教育研究的步伐，这一问题摆在了每个从事微格教学实践与研究者面前。我们说教育研究已经从研究教师和学生转向直接观察研究发生在课堂上师生相互作用过程中的学习。这种研究所选择的变量既考虑到整个教学过程，又考虑到教学过程对教师和学生所产生的影响，其重点是考虑教学过程的变量和学生学习的变量（数量与质量）之间的因果关系。而微格教学本身就是教育改革的产物，只要在发展过程中不断吸收新的教育思想和方法，就一定能跟上教育研究的时代步伐，并且能在世界范围内引起教学方法的变革。

从国内外教师培训机构和师范院校的实践来看，微格教学既可以应用于师范生的教学训练与在职教师的培训上，又可以运用于课堂教学的实验研究方面。

（二）微格教学的现状

微格教学以微型分格训练、情景模拟、可复现诊断为主要特征，广泛用于技能培训性质的各类教学中，在教师职业技能训练方面也具有独特的作用。在我国，北京教育学院较早将微格教学用于教师继续教育中，并实验成功；1999年编写了一套12学科用于继续教育培训的《微格教学系列教程》，其他院校也都普遍开展微格教学。

当前，微格教学在一些高校里办得有声有色，像上海师范大学、陕西师范大学、海南师范大学、南京师范大学、山西师范大学及首都师范大学等。首都师范大学现有由学校管理的公共微格教室数间，各院系有自己的微格教室，学校还拟建"网络教学辅导系统"，让学生通过校园网在宿舍就可以观看自己的模拟教学录像。微格教室均有门禁系统，学生可以在任意时间刷卡进入教室训练。为满足练习需要，他们还把一部分普通教室改造成教学训练室，供学生在课余时间练习。首都师范大学对微格教学采取"达标考试"的办法，不限学生练习和考试次数，但要求在实习前的规定时间内，其教学基本技能必须达标。他们在微格教室安装分贝仪，让练习者根据读数变化掌握自己的音量。我们不难看出，师范生的听、说、读、写素质训练也得到重视和加强，并且也会得到很好的巩固。

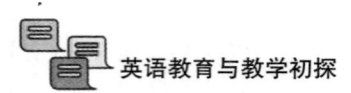

在微格教学引入和发展的初期，数量和规模就是进步的标志。但是，当微格教学发展到一定阶段后，工作的重心必然要由数量逐渐转向质量。回顾微格教学在我国的发展历程，分析微格教学在我国的发展现状，借鉴国外微格教学事业发展的经验，微格教学的精致化似乎应当是未来我国微格教学事业发展的一个重要方向。

所谓"微格教学精致化"，就是要追求微格教学发展数量和质量的平衡，在保证数量的同时，更要突出强调操作的精细和质量的卓越。例如，在澳大利亚的微格教学中，对微格执教者的课堂活动及学生的反应、观察和分析就十分精细。用于进行评价的课堂观察记录表或反馈意见表分为指导教师、同伴、学生三大类，每类又分若干种。其中，学生反馈意见表的设计尤为精巧，表中的问题十分隐蔽，表面上是询问一些简单的课堂活动情况及学生的心理感受，实际上却能比较全面、准确地折射执教教师对某一技能的理解、掌握和运用情况。

微格教学在一个国家的起步和推广期间，其发展往往是粗放型的。而当微格教学在一个国家发展到一定的阶段后，就必然会进一步提出精致化的要求。从我国的情况来看，微格教学事业虽然发展很快，但是发展的数量和质量并不完全平衡。从精致化的要求出发还有大量的工作要做。

随着微格教学在我国的广泛传播和普及，各级政府对微格教学的投入正逐渐增加。目前，拥有微格教学设施、开设微格教学课程的师范院校已经越来越多。可以说，微格教学已经传播、普及到了我国的边远和少数民族地区。这种发展势头的确令人欣喜。然而，绝不能仅仅满足于投入的增加。按照微格教学精致化的要求，越是在投入增加的情况下，越应当注重经费、设施的科学合理使用。

三、微格教学的理论基础

微格教学是利用现代教育技术培训教师教学技能的一种有效方法，在沟通教学理论与教学实践方面起到了不可替代的中介作用，因此，在国内外各种技能培训中被广泛运用。在我国，由于长期以来受行为主义思想的影响，把课堂教学技能的训练视为一个具体教学行为的训练与修正过程，使技能的掌握难以超越经验模仿的范畴，微格教学的训练效果并不尽如人意。建构主义学习理论的提出，对建立在行为主义教学理论基础上的传统教学模式产生了极大的冲击与影响。

（一）行为主义学习理论

经过几十年理论和实践的发展，微格教学过程已经形成较全面、较科学的模式，在各种技能培训中发挥了重要的作用。但是，微格教学作为提高教学技能的一种体系化的教学模式，是一个非常复杂的变化过程，而用来指导微格教学的各种学习理论又各有其利弊。因此，微格教学模式的形成是一个不断完善以使其更趋合理化、科学化的过程。

20世纪90年代以前，行为主义学习理论统治着我国各式各类教学活动，同样，也影响了微格教学过程。行为主义学派主张心理学只研究外显行为，反对研究意识和内部心理过程。他们把个体行为归结为个体适应外部环境的反应系统，即所谓的"刺激－反应"系统，学习的起因被认为是对外部刺激的反应。但是他们不关心刺激所引起的内部心理过程，认为学习与内部心理过程无关，只要控制刺激就能控制行为和预测行为，从而也就能预测学习效果。

在行为主义学习理论的影响下，课堂教学技能训练强调指导教师的作用，这便于指导教师组织、监控整个教学技能训练过程，便于指导教师与受训者之间进行情感交流。这样有利于优秀教师的课堂教学经验的传授，并能充分考虑情感因素在整个训练过程中的重要作用。但是，这种训练模式也存在着严重的弊病，即忽视了人类学习过程中的认知规律，忽视了受训者的认知主体作用，把受训者当作外部刺激的接收器、优秀教师教学经验的存储器。因此，教学技能的训练主要局限于经验模仿的范畴，造成在复杂的教学情景中，课堂教学技能的迁移水平受到相当程度的限制，极大地影响了微格教学的训练效果。

（二）建构主义学习理论

在各种学习理论的指导下，无论是理论还是实践方面，微格教学都有较大的发展。从其模式来看，在微格教学的发展过程中，建构主义学习理论起到了一定的作用。以建构主义学习理论指导微格教学实施过程时，应该注意做到以下几点。

1. 重视教育实习

微格教学训练开展了大量的情景创设、模拟决策、比照范例、模拟教学等活动，但这并不意味着可以取消教育实习。建构主义学习理论强调真实情景的创设，认为真实情景可以促进学习者对知识的主动建构，并有利于知识的迁移。教育实习有利于教学技能的内化。在教育实习中，学生通过对多种技能的有机组合和综合运用，经过指导教师的悉心指导和自我反思，能够获得大量的、更高级的感性认识，促进教学技能的内化，形成较为完善的关于教学技能的认知结构。

2. 注重理论学习和研究

微格教学模式的第一步就是理论学习和研究，但在实际操作中往往处于很次要的地位，没有引起足够的重视，并常常被认为可有可无而被忽略。在微格教学过程中，应使受训练者明确学习课堂教学技能的目的和意义，了解课堂教学技能在教师教学能力中的地位和作用，理解各种课堂教学技能的知识结构，相关的教育教学理论和学科专业知识，典型的行为要素、特征和教学功能，熟悉每种技能的不同类型、执行程序、注意要点等。这样才能形成课堂教学技能训练的知识表征系统，在逐步完善的基础上形成教学技能的图式，有利于同化和顺应的实现及知识意义的建构，促进学习的迁移。

3. 注重角色扮演理论在教学中的应用

角色扮演是一种模拟真实故事情境的教学活动。在这场活动中，教师不仅是学生学习的组织者、引导者，也是学生学习的合作者。教师要根据教学内容和教学情境的不同有意识地、恰当地扮演多重角色并让学生扮演某些角色。

师生通过在活动中扮演某个人物角色，可以准确地把在那个情境下可能发生的事情用语言和动作表达出来。这不仅使课堂教学变得生动、有趣，更能在实现教学目标的前提下提高教学效果，对于师生间的情感交流、学生的身心发展和教育教学质量的提高都有着重要的影响。

角色扮演理论对于教师提高教学效果具有参考价值。但是，在教学中是否采用角色扮演方式要根据教学目标、教学内容、学生特点等众多因素来决定。只有真正地做到角色扮演，才能使学生成为课堂教学的主角，才能达到预期的效果。

4. 正确对待并有效利用优秀教学专家的教学经验

为避免机械模仿教学专家的教学示范，应研究和外化专家的教学操作经验。通过观摩和分析，学习和理解专家进行教学决策的心理活动程序和要点，了解其教学行为执行的心理动作模式图式，使学生的心理模仿和训练有据可依，并形成初步的教学决策能力。

（三）人本主义学习理论

人本主义学习理论认为，教师面对的学生，首先是一个个活生生的人，他们具有独立的人格，是有主观能动性的个体。每个学生都有独立学习的潜能，教育要以学生的发展为本，突出学生的主体地位；还主张学生和教育者分享控制权，学习内容符合学生的需要，强调采用以学生为中心的教学方法。该理论还强调要尊重学习者的学习兴趣和爱好，尊重其自我实现的需要。在学习过程中，教师必须担当起学习的促进者、鼓励者或学习者帮手的责任，并发挥积极的作用。

因此，在教学技能的训练过程中，教育者要尽可能提供各种学习资源，营造和谐的学习环境。通过对学生潜能的开发，让学生学会和驾驭生活，并促使其个性得以完善。

（四）现代认知心理学

澳大利亚教育家史密斯在悉尼大学的微格教学教材中对讲解做了如下说明："当遇到一个在他的经验预料之外的事情，或与他的经验不能建立联系的事情的时候就需要解释。填补人们的经验与这些新现象之间的沟渠是讲解的功能。"由此可以看出，讲解技能的基本任务是使学生明确新旧知识之间的联系和新知识中各要素之间的关系。如何才能通过讲解使学生主动地、能动地建立起这些联系呢？接受学习中的同化论回答了这个问题。同化论说明了新知识的获得主要依赖原有认知结构中的知识，而且必须通过新旧知识的相互作用才能实现有意义的学习。这种新旧知识的相互作用就是新旧意义的同化，同化论概括了新旧知识联系的各种同化模式。

第二节　微格教学的开展模式

一、美国模式

（一）斯坦福大学的"行为改变"模式

美国的斯坦福大学是微格教学的发源地。爱伦和他的同事们经过数年的探索、试验、研究，在1963年确立了微格教学的基本模式，从此微格教学从美国迅速走向世界。微格教学在世界各国推广、应用的过程中，逐渐产生了一些变形模式。尤其是20世纪80年代初在非洲一些国家的应用中，由于当地教育环境较差、教育资源匮乏，必须在新的环境资源条件下对较复杂、正规的早期微格教学模式进行改革，由此产生了新的模式。新旧微格教学模式的主要变化对比如下。

1. 教学时间

微格教学实习片段的时间从原来长达20分钟缩短为5分钟，新模式认为5分钟即可完成单一概念的片段课。实际上教学时间的长短是根据班级人数、课时安排、场地环境等多种因素而定的。

2. 微格教学的学生

过去在微格教学实习时，要从中小学请来真正的学生，这会带来接送、管理、资金等一系列的问题。在新模式中启用同伴，即由教师扮演者的同伴来扮演学生。目前，这种同伴训练方法的效果已被证明是切实可行的。

3. 小组规模

从原来一组约20人减为4～5名学生。爱伦认为若小组规模大到每组约20人，则要19人去听1人讲课，每人要听19次，这样的方式会使学员因听课过多从而感到疲劳，抓不住重点；而且因为时间太长，使重教难以实现。新模式的5人小组规模小，导师布置好训练任务后，即让学生自己进行训练。学生可以自选课题，自找实习场地，即使没有正规的微格教室，只要有摄像机即可，还能实行重教。小组规模小能使每个学员得到多次重教机会。当然，小组的活动记录和反馈意见要及时交给指导老师。

4. 教学技能

爱伦和他的同事们根据经验并参考有关的教育理论文献，以统一意见的方式提出14项课堂教学技能，包括变化刺激、导入、结束、非语言暗示、强化学生参与、流畅的提问、探查性提问、高水平组织的提问、发散性提问、确认、举例说明、讲演、有计划的重复、完整的交流。

5. 反馈与评价

原来的微格教学模式对每项技能都有完整的评价表，评价项目多到有时连执教者的衣着也在评价之列，以至于在进行重教时，执教者往往失去方向，抓不住重点。在微格教学新模式中，爱伦教授提出了"2+2"的重点反馈方式，即小组每位成员听完课后要提出2条表扬性的意见及2条改进性建议，最后指导教师根据这些反馈信息总结出2条表扬性意见和2条改进性建议。这种评价指导方式操作简单，目标明确，重教效果显著。

（二）芝加哥大学的"动力技能模式"

美国芝加哥大学的高奇和杰克逊等人在1970年提出了"动力技能模式"，他们批评斯坦福大学模式在"很大程度上忽略了各技能之间的关系和技能的恰当组织形式与某一特殊的教学情境的关系"。他们认为"教学是一种有目的的活动，技能在这种有目的的教学过程中的应用同样是重要的。在技能训练中，教学内容本身也需要同时考虑在内，这样才能使学生获得恰当的综合使用技能的决策经验"。

芝加哥模式考虑教学中的两个方面——教学内容和教师行为，强调在教学计划中依据学科内容，设计应用各项教学技能的教学过程，这样，教学技能（如强化技能、课堂组织技能等）被作为子系统而不是彼此孤立的行为来运用。麦可格瑞指出："动力技能模式的基础是基于学科内容分析的系统化教学计划。它强调所训练的技能必须被小心地编排到教学计划中，在课程逻辑结构中，师范生能够将教学活动集中于重要的师生相互作用过程中。在这个意义上，教学技能被认为是促进中小学生学习的动力因素，提出这些师生间的相互作用，对于促进中小学生学习的逻辑发展是必要的。"

二、澳大利亚悉尼大学模式

微格教学由克利夫·特尼等人在20世纪70年代初引入澳大利亚的悉尼大学。他们开设的"悉尼微型技能"课程基本上保留了"细分"和"可观察的行为改进"的斯坦福模式的做法，但做了一些改进。特尼指出："教学是一个非常复杂的过程，对于刚刚开始从事这一职业的人来说，它需要被分解为有意义的和可获得的各个部分。涉及其中的某些部分，经过特殊的选择，这些部分是可观察教学行为或技能，而且是建立在有效教学的基础上的。"

悉尼大学的微格教学是以教学技能训练为主线展开的，教育思想和教育教学理论及实验研究融合在各项教学技能之中。整个微格教学课程分成五个系列，前两个系列包括六项基本的教学技能，后三个系列是三项小综合式的教学技能。

系列1：①强化；②一般提问；③变化；
系列2：④讲解；⑤导入和结束；⑥高层次提问；
系列3：⑦纪律和课堂组织；
系列4：⑧小组讨论、小组教学和个别化教学；
系列5：⑨通过发现学习和创造性学习，发展学生思维能力。

澳大利亚悉尼大学对微格教学的开发应用及研究是很有成效的。澳大利亚悉尼大学的微格教学模式有以下特点。

①开发出完整的微格教学教材。悉尼大学开发的微格教学教材在世界上享有一定声誉。对教材中列出的六项课堂教学基本技能——强化技能、一般提问

技能、变化技能、讲解技能、导入和结束技能及高层次提问技能，都从教育学和心理学理论的角度出发加以论述，并且对每项技能都配以生动形象的示范录像资料。

②重视学生的自我发展。澳大利亚是一个多民族的移民国家，学校教育十分注意尊重每个人的个性，重视发现个人的特点并进行引导，希望每个人都获得成功。学校教育对学生个性差异和心理健康发展颇有研究。在微格教学课程的第一周，先安排每个学生在摄像机镜头前做一两分钟的自我介绍或表演，内容自选，轻松自然，然后再让同学们在愉快的气氛中进行评论。这样的活动既提高了学生对微格教学的兴趣，又使师范生消除了面对摄像机镜头的紧张心理，为扮演角色时的正常发挥打下良好的基础。

悉尼大学模式还在充分研究学生认知心理的基础上建立了微型观察室。如新南威尔士大学教育学院内有一组微型观察室，每间只有约 2 平方米大小。导师们考虑到师范生在进行角色扮演后希望自己先看到自己的表演录像，或找一位最信得过的好朋友一起观看，而微型观察室正好可供一两位学生闭门观看。执教者可以先与"好朋友"边看边商量，先听取他们的看法和意见，在心理学上，这时的意见无疑是一个"强刺激"，是最容易接受的，也是印象最深的。根据这些意见，学生先写出对自己所扮演角色的评价，这一做法充分体现了微格教学中重视学生自我发展的教育原则。

③自我评价贯穿微格教学始终。在澳大利亚的微格教学模式中，评价是很重要的，评价是贯穿于整个教学过程之中的。评价不是由别人来对某位学生的录像加以评论、分等级、打分数，而是通过学生自己在微型观察室中的观看，根据微格教学过程中各个环节的反馈及"好朋友"的反馈信息来进行自我评价。导师经常以肯定、表扬为主，对存在的问题以提示、暗示等方式启发学生自己发现。最后让学生在评价单上做自我评价，在做到的项目上画一个记号，还没有做到的不画。再根据整个微格教学过程中来自各方面的反馈信息认真地写自我评价，从而提高学生的教学技能和教学实习效果。

澳大利亚的微格教学主要步骤如下。

①示范。播放教学技能的示范录像，讲解教学技能的构成、有关理论知识及要求，帮助师范生认识教学技能，有重点地观察，用不同的方式示范同一技能，促进对技能的掌握。

②角色扮演。为师范生提供实践机会，增强其自信心。

③反馈。为师范生改进自己的教学行为提供明确、具体的帮助。

④重教。在师范生对自己的教学行为非常不满意时才进行，对大多数师范生来说这一步可取消。

从上述步骤可以看出，澳大利亚的微格教学强调四个环节：示范、角色扮演、反馈和重教。没有列出评价这一环节，因为评价是贯穿于全过程中的，且主要是启发学生自我评价，这正体现了尊重学生的教育原则。

三、英国模式

（一）新乌斯特大学的"社会心理学"模式

20世纪60年代末微格教学引入英国时，当时的一些模式已受到了一些批评。斯通斯和莫里斯指出："微格教学的目的和作用需要重新澄清，应该将方向转移到加强教学理论与教学实践的联系上来。"他们两人都认为，"微格教学是一种有价值的革新，比一般的教学有更大程度的可控性，所以强调理论与实践的关系可以挖掘出更大的潜力，可以使师范生掌握教学模式"。

莫里斯等人发现，有社会能力的教师在教学中表现得更为突出，并从社会心理学的角度看待教学，认为学是一种社会活动技能，教学依赖于人际关系和师生间的交流。将社会心理学的观点引入微格教学，首先对教学中的社会技能进行定义，并且对师范生进行分技能的训练，然后将各项社会技能综合起来，整体地运用到完整课的教学中。

布朗在1975年将这一模式引入了新乌斯特大学，哈奇于1977年在乌斯特学院进行了这一模式的微格教学。他们认为微格教学需要集合三个方面的要素——计划、角色扮演和反馈认知。

①计划的方法是通过课堂讲授和小组研讨来学习的。师范生学习如何将一个课题分解为各个概念成分，并将这些组织成一个序列，同时选择合适的教学方法。

②角色扮演，首先是训练斯坦福大学模式中的各项技能。如提问、强化、刺激变化、讲解、导入和结束，然后把各项技能综合起来运用到完整课的教学中去。

③反馈和认知，指师范生与指导教师一起讨论微型课的录像，使师范生明确与中小学生相互作用时自己所应充当的角色。这种对师生相互作用的认知将使师范生的教学行为得到改进，并影响序列计划和完整课的教学行为。取消了重教，但师范生在微格教学的各个环节都要进行充分的讨论。

哈奇还强调了与潜能相关的理论的重要性。各项教学技能不仅提供音像示

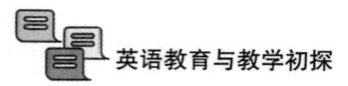

范,而且还要说明依据社会心理学所建立的各项技能的理论基础,这样才能使师范生不仅知道如何应用技能,而且还知道什么时候使用它。微格教学不只是关于行为的改进,而且也应该是关于认知结构的改进。

由于新乌斯特大学在微格教学中强调技能的综合应用,强调学员在微格教学中形成对教学的认知结构,以及依据社会心理学强调在微格教学中的人际相互作用的情感因素,所以教学技能只是作为微格教学课程的组成部分而没有被单独列出来进行训练。

现将他们微格教学的课程介绍如下,从中可以分析得出他们所重视的教学技能成分。

①微格教学的理论(以学员小组的组织方式);
②教一个概念(设备操作训练);
③教学计划(教学员小组中的同伴);
④导入和结束(教实际的学生);
⑤教师解释(教实际的学生);
⑥教师的生动活泼(教实际的学生);
⑦学生强化(教实际的学生);
⑧学生参与(教实际的学生);
⑨提问中的流畅度(教实际的学生);
⑩高水平组织的提问(教实际的学生);
⑪综合的教学技能(教实际的学生);
⑫师生相互作用、环境要素(教实际的学生);

(二)斯特灵大学的"认知结构模式"

1969年,斯坦福大学模式被引入斯特灵大学的微格教学中。经过几年的实践和研究,在20世纪70年代中期,麦克因泰尔等人提出了"认知结构模式"。他们发现斯坦福大学模式中的技能描述和反馈评价只停留在技能行为上,"这些只能给师范生若干个作为假定的教学技能的特殊教学行为方式"。然而,在这些特殊的教学技能的有效性方面存在着相当程度的不确定性。在课堂教学的经验性研究中,相关的心理学理论和有经验教师的一致意见只能当作合理化的建议,而不是权威性的评价表述。于是,在斯特灵大学,这些教学技能只作为教学大纲的组成部分而非理论基础。

斯特灵大学的研究者认为,师范生关于教学的认知结构在他们的教学活动中起决定性的作用。技能训练和反馈的重要性,在于使师范生的认知结构发生改变，这种改变是通过将各项技能中的认知概念有机地结合在一起而产生的。在研究的基础上，他们对师范生在微格教学中认知结构的形成过程进行了如下推论。

①在进入微格教学之前，每个师范生都具有彼此不同的复杂的教学概念的图式，这些图式与对教学的评价有很大的关系。

②个人的图式之间存在着较大的差异，但通过将这些图式与教学内容体系相结合，仍然存在很多的共同之处。

③这些图式表现出较高程度的稳定性，但通过微格教学的学习和实践，从中可获取新的结构和概念原则，这些图式将会逐渐发生变化。

④师范生的这些图式很大程度上控制着他们的教学行为，并且图式的改变导致教学行为的改变。

建立在这些推论基础上的"认知结构模式"，将微格教学对师范生所起的作用解释为使师范生的教学认知结构产生变化，并帮助他们形成自己作为教师的概念结构。为此，他们强调教学技能应该用"可组织的概念"等术语来定义，这些术语可以描述复杂的课堂相互作用产生信息的过程，而不是由可描述的教学行为来定义教学技能。师范生可以运用这一概念结构，对在教学中什么时候应该用什么教学技能进行决策，并能帮助他们在实际教学活动中感知教学技能，从而形成对技能的价值评价。技能示范可以帮助师范生将各项技能的概念有组织地纳入他们的认知结构中。微格教学中的反馈可以提供师范生现存教学认知结构中的信息，从而改进和扩充这一认知结构。

四、对各国微格教学模式的分析

由于各国各大学进行微格教学的目的不同，所依据的理论观点和理论基础不同，各个微格教学模式之间存在着一定的差异，现分析如下。

斯坦福大学所开展的微格教学建立在对宏观教学活动的分解以及进行行为描述的基础上，强调在可控制的条件下对单项技能的训练，强调音像示范和反馈评价的作用。

芝加哥大学的微格教学，强调教学技能应实现教学目的、发挥教学功能。他们认为斯坦福模式在这方面存在缺陷，是由技能训练没有很好地与教学内容相结合，没能系统地综合应用各项教学技能造成的，所以他们强调将各项技能作为子系统应用到教学中，并强调在应用技能时与教学内容结合在一起进行系统分析，在这种系统计划中获得应用技能的决策经验。芝加哥大学微格教学的

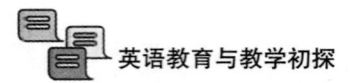

目的，是在完整课的教学中培养结合教学内容、综合应用各项教学技能的决策能力和实践能力。

悉尼大学所开展的微格教学，仍然强调对宏观教学活动的分解和对可观察的教学行为进行描述，并且对教学技能中的行为在有效性方面进行了较深入的实验研究，使所提出的教学技能通过了澳大利亚教育工作者对师范教育的理论观点和实验研究的检验。强调基于某些教学观点的几项小综合型教学技能训练，并通过控制实现从单项技能到小综合技能训练的过渡。

新乌斯特大学微格教学的特点是：先进行分技能的训练（同时强调控制变量），后综合到完整课教学中；强调将社会心理学作为各项技能的理论基础，以此来保证技能应用的有效性；在完整课的综合应用中，强调以社会心理学为基础，通过计划决策和实践形成认知结构。可以看出，新乌斯特大学微格教学的培养目的是形成以社会心理学为基础的课堂教学综合能力。

斯特灵大学微格教学的特点是，指出了斯坦福模式中的技能行为描述在有效性方面存在很大的不确定性。为此，提出用心理学理论和成功的教学经验的概念来描述技能，并形成对技能的价值评价；强调了内部心理机制对外部教学行为的调节和控制作用。基于以上观点，其认为微格教学主要是通过改进认知结构来实现对教学行为的改进，并认为认知结构的改进是通过各项技能中的认知概念有机结合在一起而实现的，认知结构可以提高应用教学技能时的决策能力，在实际教学中感知教学技能，从而形成对技能的价值评价。由此可见，斯特灵大学微格教学的目的是在综合应用各项教学技能的实践中建立教学的认知结构。

综上所述，我们可以看出各国开展微格教学的情况虽不尽相同，但斯坦福模式中的教学技能成分和体现科学方法论的一些做法，在各国的微格教学中基本上被保留了下来。同时我们还可以看出各大学在对斯坦福模式进行改进时所共同关心的问题，即这些改进或发展很大程度上都源于对行为进行描述的教学技能，发现其在教学中的有效性存在着很大程度上的不确定性，从而使实施技能时的目的性和评价中的价值判断出现不确定性。但各大学对这一问题的解决方法是不同的，在保证教学技能的目的性、有效性和价值判断方面，芝加哥大学强调技能与教学内容的结合，通过对教学内容的系统分析来实现；悉尼大学是通过对所提出来的技能行为进行实验验证来实现的；新乌斯特大学则从师生相互作用的角度出发，强调以社会心理学理论为教学技能的理论基础来解决技能价值不确定的问题；斯特灵大学强调用心理学和成功教学经验的概念原则系统作为技能的理论基础，从而保证技能应用的目的性、有效性和价值判断。

对斯坦福模式的发展还表现出将各项教学技能综合应用到完整课教学中的趋势，某些大学已经把微格教学深入综合教学能力的培养这一较为广泛的领域，但对于"综合教学能力"的理解和所依据的理论观点，各大学有较大的差异。但综合应用各种教学技能都是建立在对各技能成分的训练的基础上，或建立在对宏观层次的教学活动进行分析的基础上的，在这一点上各大学又是比较一致的。

五、我国的微格教研模式

20世纪80年代中期以后，微格教学被引入我国。先后在一些教育学院以及中、高等师范院校和许多中小学展开了积极的研究和实践，并进行了广泛的交流。起初研究和实践主要集中在吸收借鉴国外微格教学的做法方面，并在实践中移植到自己的微格教学中。随着研究的深入，各地院校也提出了一些共同关心的问题，即微格教学与传统教法之间的区别及微格教学中的科学方法论问题，教学技能中的教育学、心理学理论基础的问题，适合我国国情的教学技能分类的问题，以及微格教学的技能训练与完整课教学能力之间的关系问题等。事实上，这些问题与国外微格教学所提出的问题是类似的，反映出微格教学中的共性问题。北京教育学院微格教学研究室在引进、借鉴国外微格教学模式的基础上，认真研究了以上问题，并取得了一系列研究成果。

各地教育工作者在应用微格教学时，都结合了本地区、本学校的实际情况，对微格教学的基本模式有所变通和发展，使之成为发展我国师资培训教育的有效方式。上海市华东理工大学附属中学推行的"微格教研"活动就是微格教学的一种变通模式。该模式采用了微格教学的合理内核，提取微格教学流程中的重要环节，采取摄录像方式，供教研组在开展教研活动时进行局部的定格研讨。这样既学习了有关理论，也探讨了具体操作方法，从而获得完整的认识，提高了教师的整体能力和素质。微格教研的基本结构是：先进行在特定课题理论指导下实际教学的现场观摩与实况录像；再重放录像，观摩录像，进行自我反思与直观再现式同伴研讨；然后进行理性总结、理论升华；最后还要将理论运用到教学实践中去予以检验、发展。在一所学校的各个教研组中推行微格教研活动，将教学技能研究的要求与教研组活动结合起来，首先增强了研究气氛。过去开展教研组活动，由于教师负责不同年级的课，共同的话题较少；而在教研组中开展微格教研活动，则形成了浓浓的研究气氛。其次，运用了微格教研的方法，给教研组活动定位于教法、学法研究。录像的形象性和再现功能使教研

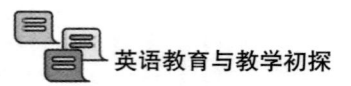

活动丰富生动，又因为每次活动只研究一项技能，使研究问题的切入点小，所以开掘程度就会更深一些。随着资料的积累，更便于做纵向及横向的比较研究。开展微格教研活动对于经验不足的青年教师是有实际意义的；对于有经验的老教师，他们也可自我提炼、概括和总结教学特点，互相交流，共同提高，起到精化教学的作用。

第三节　微格教室的设计与使用

一、微格教室的设计

（一）微格教室的设计原则

1. 先进性

微格教室创建之初以其及时反馈和小步子进程而快速发展起来并得到广泛的认可。在技术上，微格教室应当尽可能地采用当时的先进设备，以使微格教室应具有的功能得到开发、应用。如计算机，应有尽可能快的处理速度，使其在视频输入、截取、剪辑、录制等方面都能轻松实现；又如摄像机，应尽可能地选择自动化且清晰度高的摄像机，避免学生产生因面对镜头而紧张的心理。在理念上，要应用一些最新的且已经被实践证明了的先进理念，从而提高使用的效率。如一些教学设计的理论在微格教室的设计中是相当重要的。

2. 开放性

微格教室的开放性主要是指硬件设备的通用性，即设备的指标是否和国内外认可的标准一致或是接近，如所保存视频文件的格式、监视器的输入输出接口是否与主流的线制一样等。设备的开放性有利于日后设备的更新或是升级，这样在整个系统需要更新时，不至于全部更换，从而降低成本。同时，还要注意选择的标准是否成熟。如果一个标准还处于发展争论的时期，那么最好不予采用。因为发展中的标准会处于不断的变更之中，这样就很容易引起兼容性问题。

3. 实用性

微格教室的设计应该注意整个系统的性价比，这是整个设计的重点。在设计的过程中，不能一味地选择先进的、价格高的设备，应讲究实用。如视频传输系统，不是越贵的系统它的整体性能就越好。所以，我们要看所要选择的系统是否适合在微格教室中使用。

4. 易用性

微格教室的易用性是指整个系统的操作应该是简洁明了的。即使是系统本身，就技术而言，它可以是相当复杂的，但是它最终面向用户的交互界面应该是简洁和容易操作的。

（二）微格教室设计应注意的问题

1. 应注意新旧媒体的综合使用

虽然数字技术已相当成熟，但是传统媒体仍然没有被取代。这说明传统媒体有其自身的特点和优势。因此，在微格教室的设计中应该把新旧媒体综合起来使用。如在针对中小学准教师的培训上，黑板、投影仪、幻灯机等还是不可或缺的。

2. 应注意教室环境的设计

传统的微格教室存在着样式单一、空间狭窄等不足之处，这是以前一些微格教室、多媒体教室等设计中存在的通病。这容易使受训学生的心情受到很大影响，从而在很大程度上影响受训学生的受训效果。因此，为了使受训学生在教室中能有一个宽松的环境，微格教室的环境应尽量做到灵活多样。

二、微格教室的要求与布局

微格教学是一个可控制的实践系统，为了顺利地完成微格教学的任务，必须建设与之配套的符合其特点规律的微格教室。

微格教室设计合理与否对微格教学有直接影响。微格教学系统主要包括三大部分，即控制室、微格教学的教室及观察室。从微格教学功能可以看出，教室的面积不太大，一般每间教室有 15～20 平方米就可以了；微格教室的数量应根据待训学生的多少和培训的方式决定。

（一）微格教室的基本要求

①微格教学要求受训学生在真实的教学环境中进行实践活动，因此，微格教室是一个具有真实课堂情境的模拟教室。它除了有常规的教学设备如黑板、讲台、课桌、幻灯机、投影仪等之外，还要有进行技能学习、实践、评价的现代化视听设备。

②微格教室应尽量减少外界的干扰,防止受训学生受到非智力因素的影响,同时也有利于提高传声器的录音质量。微格教室的地板宜采用地毯或其他软质材料,以减少噪声。如有多间微格教室,则可建立一个与之分离的控制室,便于对各种设备进行统一控制,避免各种操作对模拟课堂产生干扰。

③考虑到教室内灯光的布置,房子的高度不能太低,最低不能小于3.5米。就布局而言,如果不考虑评课,另一部分面积较小的可作为控制室,在45平方米左右,控制室主要布置主控制台、遥控器、录像机、监视器、调光控制设备等。一般情况下,微格教室的教学全景可以通过具有良好封闭隔音性能的单向玻璃进行观察,这样有利于研究人员分析讨论,也可通过闭路电视的大屏幕彩电观摩教学。

④如有条件,还应为微格教室建立配套的资料室,用于保存教学技能的示范资料和被培训者角色扮演的资料,供指导教师、研究人员教学和研究使用。

⑤微格教室的建设可与其他教育技术用房综合考虑。微格教室视听设备与其他教育技术设备具有相关性和相似性,因此,微格教室的控制室可以和卫星教育电视、闭路电视系统、电视节目制作的控制室合并,把它们有机地联系起来形成一个相互关联的网络,还可把微格教室建设成一个多功能的音像资料视听室。

(二)微格教室的基本布局

要根据微格教学的特点和学校的实际情况,从经济、实用、便于教学几方面来考虑微格教室的布局。

将原教室的面积分为三部分:一部分为教学现场,一部分为拍摄工作间,一部分为观察室。观察室安排在靠近楼道的一侧,可减少楼道内的噪声对拍摄现场的影响,采用遥控摄像机可减少拍摄人员对教学现场的干扰。低照度摄像机可在自然光下拍摄,可消除光源对教学现场的干扰;摄像机应安放在靠窗的一侧,具有自动光圈的摄像机不能直接对准光源,否则会因为机器根据平均亮度所取得的光圈过小而使拍摄对象发黑。由于采用遥控摄像机,控制间与教学现场间的单向玻璃不是绝对必要的。在观察室与拍摄现场之间安装单向玻璃便于观察。

三、微格教室的常用设备

微格教学对硬件的要求并不严格,从最低限度到较高档次的微格教室可选择的余地是很大的,各个学校可按照自身的实际情况对微格教室进行建设。

（一）摄、录、放设备

1. 摄像设备

摄像设备的好坏直接影响角色扮演情况记录效果的好坏，应该选用质量较好、性能稳定的摄像设备。

（1）摄像镜头

摄像镜头有变焦、定焦、自动光圈和手动光圈之分，要根据实际情况选配。

（2）摄像机

一般采用低照度、水平分辨率在 300 线以上、信噪比在 46 dB 以上的电荷耦合 CCD 摄像机。

在选择摄像机的架设位置时也可根据实际情况来选择是双机拍摄还是单机拍摄。双机拍摄是一架摄像机在后面拍教师，另一架在前面的一侧拍摄学生；单机拍摄时把摄像机架在教师和学生中间的一侧，既可拍教师，也可拍学生。

2. 录像、放像设备

（1）录像设备

一般采用普通 VHS 录放机，录像带价格便宜，适合大面积使用。由于 VHS 录像机现在逐渐淡出市场，而且磁头容易磨损，机械故障发生频繁，现有一种用计算机取代录像机的发展趋势，用计算机记录视音频信号，只需要在计算机的内部加装一块视频采集卡就可实现。用硬盘作为记录载体有利于视、音频信息的存贮，如果配合学校的校园网进行传送，可以拓宽微格教学中反馈评价的途径，加快微格教学的普及使用进程。

（2）放像机

放像设备要具有有利于教学分析的慢速播放、逐帧播放和完全静止等功能。现在 VCD 比较流行，若有 VCD 教学示范光盘，不失为一种较好的放像设备。

3. 传声设备

微格教室对传声器的要求是失真小、灵敏度高、指向性强。一般采用高级拾音器，但采用这种拾音器要有专用电源。现在普遍采用一间微格教室，师生共用一个固定在天花板或黑板上方墙壁上的拾音器的传声方法，效果较好。

4. 控制设备

一般的控制设备是机械式面板控制器。它有如下弱点：一是操作不便；二是一个面板控制器只能控制有限的几个摄像头。

目前，已开发研制出新一代控制设备，即键盘控制系统。它操作简便，

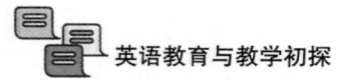

只用一个控制键盘就可控制多个摄像头。另外，还出现了更先进的多媒体控制设备。

控制设备的辅助系统包括以下两个方面。

（1）信息沟通系统

微格教室和主控室的信息沟通变得更为方便，主控室和微格教室之间距离比较大时，也能迅速沟通，不受任何干扰。

（2）录、放像远距离遥控系统

微格教室的角色扮演者可以利用它很方便地对自己的教学情况进行录、放，从而随时进行实践或观察。

5. 照明设备

进行角色扮演时，要把整个过程用摄像机拍摄下来，要求微格教室有较好的自然照明条件以保证画面的应有层次。如果室内亮度过低，就要把镜头的光圈开得较大，这是以牺牲画面景深为代价的。为了弥补自然光线的不足，可在微格教室中加装必要的灯具。微格教室要避免日光灯的镇流器的噪声，可以采用工作时无噪声的节能型电子镇流器。

（二）数字微格教学实验系统配置

随着多媒体技术和网络技术的发展，数字微格教室的应用越来越普遍，它的配置有以下两个方面。

1. 数字微格教学实验系统的硬件配置

①微格教学系统。考虑到采集时压缩率高，采用了高清晰的松下 AW-E300 型及 AW-LZ14MD55 型的摄像头和镜头。

②讲台桌上话筒采用索尼 ECM-44B；室内话筒采用 AKG HM 1000+CK8。

③视频点播服务器、Web 服务器、采集编码计算机。因为采用的是纯软件的点播方式，对硬件的要求很低，因此，可以用一台高性能的计算机完成采集编码任务，兼做视频服务器和 Web 服务器，可使用联想万全 T200 服务器，并将采集压缩卡安装在服务器上。

④采集压缩卡。Osprey100 卡是 Real Networks 公司推荐的配合他们产品的采集压缩卡，能够把视音频信号直接压缩编码成流式文件，进行网上点播。

⑤室内灯光采用三基色高效暖白荧光灯 3200K/60W。

⑥教室室内装修的基本要求：地面铺木地板；三面墙壁装吸音墙；窗面装吸音窗帘；天棚吊顶（带吸音）。

2. 数字微格教学实验系统的软件配置

①系统软件：Win2000 Server。

②点播软件：RealSystem。RealSystem 是世界领先的网上流式视音频解决方案，是由 Real Networks 公司提供的，包括三个部分：RealServer，服务器端流播放引擎；RealProducer，强大的编码工具，用于生成流式文件；RealPlayer，客户端播放器。基于 RealSystem 的视频点播是一种纯软件的点播方式，其性能随着服务器和网络性能的提高而提高，软件升级简便、快捷、经济，普通版的整套软件都可以从网上下载，很多网站提供了这套软件。用 RealSystem 构建 VOD 系统，实际测试表明，其工作稳定可靠，是实现视频点播的经济快捷方式。可从网上下载并安装 RealSystem 系统所有软件，安装的过程很简单。

四、微格教室的使用

（一）播放示范录像

在扮演角色前，一般会用放录像的方法对要训练的技能进行示范，微格教室的放像设备可为学员播放相关教学技能的示范录像带。如果录像资料上没有文字说明，指导教师可随时进行讲解。

（二）录制角色扮演

简易型微格教室的角色扮演，一般使用两台摄像机拍摄，一台安装在教师对面的墙上，主要用于拍摄学生的活动。机位要隐蔽一些，以免镜头运动引起学生的注意。两台摄像机与控制室的特控台相连，以便选择画面，进行切换录制。如果条件不具备，可用单机拍摄。

对于多间微格教室的角色扮演，一般常使用一台摄像机进行摄录。摄像机用支架固定在教室的后墙上，录像机置于控制室。要确定好摄像机的高度，机位高了，所拍画面的透视关系会发生变化，看到的黑板上窄下宽。长时间俯视扮演者不符合人们的视觉习惯，合适的高度应该能够使拍摄的画面符合人们的视觉心理，摄像机与学生又互不妨碍。对于需手动调节光圈和焦距的摄像机，要在调好镜头的光圈和焦距后再罩好防尘罩。

角色扮演的录像质量，对能否为受训学生提供生动、直观的反馈，以及为研究者提供清晰、准确的资料起着重要的作用。进行微格课堂摄像的人员可以是学校的实验工作人员，也可以是指导教师或经过培训的师范生。对所拍摄画面的总要求是真实、准确、清晰，能鲜明、突出地表现被培训者的优点和缺点。

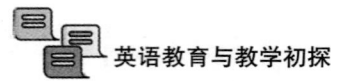

总体来说，我们可从以下几方面来做好拍摄工作。

1. 熟悉所用设备性能、特点及操作方法

摄像人员要对所用设备了如指掌、运用自如，只有这样才能顺利完成拍摄任务。拍摄时要注意画面清晰，构图合理，主体突出，镜头运动平稳，镜头切换合理、流畅、无抖动闪烁。

2. 注意拍摄技巧

摄像人员应掌握微格教学的特点和规律，了解受训学生的心理特征和训练内容，应根据微格教学对技能培训的要求不失时机地转换镜头，把受训学生的教学行为拍摄下来。

3. 注意教学双边活动的交替拍摄

对拍摄的画面不能片面地追求技术性和艺术性，拍摄的目的和任务是真实地记录教学过程，真实、准确地记录受训者的教学行为。教学是双边活动，不能只突出教师角色而忽略了学生角色，要把教、学两方面的行为全面、真实地表现出来，在单机拍摄时更应注意这一点。

（三）播放角色扮演录像

拍摄的目的在于及时准确地反馈，即让学生现场获悉自己的技能应用情况，以便有针对性地改进。对于有争议的内容可以采用慢放、暂停、重放的方法，以便指导教师、评价人员、学生在讨论中形成统一的意见。

使用微格教室时，管理人员要清楚在微格教室进行培训的学员的人数、日程的安排、分组的方法、角色扮演的时间、重放录像的方式等情况；对拍摄的录像资料，要及时编目、存档，便于学员观看和查找；要根据实际情况制订微格教室的工作计划，编制微格教学安排一览表，以便每个专业的指导教师按计划进行。

微格教学系统建成后，一方面要注意培训教师，尽量让相关人员都到微格教室对系统进行熟悉，由学校教师使用本套设备，系统调试人员协助上课，以便尽快进入角色。另一方面，制定微格教室管理制度，安排电教人员对设备进行日常维护，安排好微格教室的使用时间，这样才能真正发挥其作为先进教学手段的作用，服务于学校的教学。

第四节 微格教学的设计与实施

一、微格教学的教学设计

微格教学的教学设计是按照课堂教学目标和教学技能训练目标，运用系统方法分析教学问题和需要，制定解决教学问题的教学策略微观方案、试行解决方案、评价试行结果和修改方案的过程。它以优化教学效果和培训教学技能为目的，以学习理论、教学理论和传播理论为理论基础。

微格教学的教学设计与一般的课堂教学设计既有联系，又有区别。一般的课堂教学设计对象是一个完整的单元课，教学过程包括导入、讲解、练习、总结评价等完整的教学阶段。而微格教学通常都是比较简短的，教学内容只是一节课的一部分，便于对某种教学技能进行训练。因此，不能像一般课堂教学设计那样主要对宏观的结构要素进行分析，而是要把一个事实、概念、原理或方法等当作一个过程来具体设计。

所以，在微格教学的教学技能训练过程中应有两个教学目标，一是使被培训者掌握教学技能；二是通过技能的运用实现中小学课堂教学目标。教学技能是实现教学目标的方法和措施，而课堂教学目标所达到的程度是对教学技能的检验和体现，二者紧密联系，互相依存。由此，微格教学的教学设计既要遵循一般课堂教学设计的原理和方法，又要体现微格教学的教学技能训练特点。

二、微格教学教案的编写

在微格教学中，教案的编写是教师的一项重要工作，它是根据教学理论、教学技能、教学手段，并结合学生实际，把知识正确传授给学生的准备过程。微格教学教案的产生是建立在教学设计基础之上的，以"设计"为指导，具体编写微格教学的计划。

（一）微格教学教案编写的内容和要求

1. 确定教学目标

片段教学内容教学目标的确定和整堂课教学目标的确定方法一样，只不过前者的对象是一个片段，所以教学目标的确定应立足于片段内容。

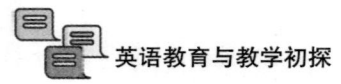

2. 确定技能目标

即教师课堂教学技能训练目标，针对不同的学习者可以有不同的技能要求。

3. 明确教师教学行为

要求教师把教学过程中的主要教学行为，以及要讲授的内容、要提问的问题、要列举的实例、准备做的演示或实验、课堂练习题、师生的活动等都一一编写在教案内。

4. 标明教学技能

在实践过程中，每处应当运用哪种教学技能，在教案中都应予以标明。当有的地方需要运用好几种教学技能时，就要选其中针对性最强的主要技能进行标明。标明教学技能是微格教学教案编写的最大特点，它要求受训者感知教学技能、识别教学技能、应用教学技能，突出体现微格教学以培训教学技能为中心的宗旨。不要以为把教学技能进行组合就完成了课堂设计，而要根据教学目标结合教学实践决定各种技能的运用，这对师范生来说尤为重要。

5. 预测学生行为

在进行课堂教学设计时，对学生的行为要进行预测。这些行为包括学生的观察、回答、活动等各个方面，应尽量在教案中注明，它体现了教师引导学生学习所用的认知策略。

6. 准备教学媒体

对教学中需要使用的教具、幻灯、录音、图表、标本、实物等各种教学媒体，按照教学流程中的顺序加以注明，以便随时使用。

7. 分配教学时间

每个知识点需要分配的时间预先在教案中注明，以便有效地控制教学进程和教学行为的时间分配。

（二）微格教学教案设计项目

微格教学教案设计的具体格式可以是各种各样的，但大致应该包括教学目标、教师的主要教学行为、对应的教学技能、学生的学习行为、演示器材、媒体和时间分配等项目，指导教师可以设计好表格，发给学生用于进行教案设计。

三、微格教学过程的组织实施

微格教学是一项细致的工作,要有效地提高教师的教学技能,关键是要紧紧抓好微格教学全过程所包含的理论学习、示范观摩、编写教案、角色扮演、反馈评价和修改教案等环节。这些环节环环相扣,联系密切,削弱其中任何一个环节,都会影响培训的效果。我们应针对被培训者的实际情况落实好每一个实施步骤。

(一)理论学习和辅导

在微格教学实践和发展的过程中,融入了许多新的教育观念、教育思想和方法,如布卢姆的"教育目标分类学"及"掌握学习法"、弗朗德的"师生相互作用分析"理论,具体实践中又有美国爱伦教授的双循环式和英国布朗教授的单循环式等。微格教学培训是一种全新的实践活动,也有其深刻的理论基础,因此,学习和研究新的教学理论是十分必要的。理论辅导的内容包括微格教学的概念、微格教学的目的和作用、学科教学论、各项教学技能理论。理论学习和辅导阶段要确定教学的组织形式。通常在学习教学理论时,指导教师以班级为单位做启发报告,讨论和实践则以小组为单位。小组成员为6人左右,最好是同一层次的教师或师范生。指导教师要启发小组成员尽快相互了解,对所研讨的问题有共同语言,互相成为"好朋友"。

(二)教学技能分析

微格教学的研究方法就是将复杂的教学过程细分为单一的技能,再逐项培训。指导教师可以根据培训对象的不同层次和需要,有针对性地选定几项技能。一般来说,师范生和刚踏上讲台不久的青年教师,通过微格教学实践可以及早掌握教态、语言、板书等方面的基本技能;而有一定教学经验的教师,可以通过微格教学实践深入探讨较深层次的技能,有利于总结经验、互相交流、共同提高教学能力,以达到提高教师整体素质的目标。在技能分析和示范阶段,指导教师要做启发性报告,分析各项技能的定义、作用、类型、实施方法及运用要领、注意事项等,同时将事先编制好的示范录像给学员观看。

(三)组织示范观摩

针对各项教学技能,指导教师提供相关的课堂教学片段,组织学生进行示范观摩。观看录像后经过小组成员讨论分析,取得共识。这样,学员不仅获得了理论知识,也有了初步的感知。

1. 观摩微格教学示范录像

（1）教学示范录像片段的选择

在选择示范录像时要遵循两条原则：一是水平要高，二是针对性要强。示范录像的水平越高，学员的起点就越高；针对性越强，对该技能的展现就越具体、越典型。

（2）提出观摩教学示范录像片段的要求

在观看示范录像片段时，指导教师要先提出具体要求，明确目标，突出重点，边观看边提要求。提示时要画龙点睛，简明扼要，不可频繁，以免影响学员观看和思考。

2. 组织学习、讨论、模仿

（1）谈学习体会

各自谈观后感：哪些方面值得学习；对照录像，检查自己的教学与其存在哪些差距。师范生注重前者，在职教师注重后者。

（2）集体讨论

重点交换各自的意见，在要学习的方面达成共识。指导教师也要参加讨论，重点指导。

（3）要点模仿

示范的目的是使受训者进行模仿。许多复杂的社会性行为往往都能通过模仿而获得。实际上，受训者在观看录像时，就已存在模仿的意义。这里讲模仿，主要是在指导教师的指导下进行重点模仿。此外，指导教师亲自示范或提供反面示范，对学员理解教学技能也会起到十分重要的作用。

（四）指导备课

1. 组织学员钻研某项教学技能

（1）充分备课，熟悉教材

熟悉教材是至关重要的，如果对教材理解不透彻、不深入，甚至出现片面性理解或错误，就无法体现教学技能。

（2）根据指定教材，针对某项教学技能进行钻研

在熟悉教材的基础上，应该重点考虑教学技能的运用。要正确运用教学技能，对该教学技能的钻研是先决条件，指导教师要正确引导学习者钻研教学技能相关理论，联系教材，把理论运用于实践中。

2. 学员备课

①在钻研指定教材和某项教学技能的基础上编写出教案。②在指导教师的指导下，交流备课情况，取人之长，补己之短。③对在职教师和师范生的要求有别。钻研教材，熟悉教材，理解教材，并结合教学技能备课，这些对在职教师来说问题不大；但对在校师范生来说，则是一个比较大的问题。师范生应先接受教学基本理论和教材分析的培训。指导教师在给他们指定教材时，还要对教材进行适当的分析，以帮助师范生正确理解教材，从而结合教学技能的运用进行备课。

（五）角色扮演

1. 角色扮演的意义

角色扮演是微格教学的中心环节，是受训者训练教学技能的具体教学实践活动，在活动中每个受训者都要扮演一个角色，进行模拟教学。它改变了传统的教师讲、学生听的教学模式，给受训者以充分的实践机会，从而使师资培训工作迈上了一个新台阶。

2. 角色扮演的要求

培养教学技能，必须经过真实的练习与训练，否则就难以形成技能。微格教学中的角色扮演给学生提供了上讲台的机会，使他们能通过自己的实践将备课时的设想和对单项技能的理解表现出来，同时进行录像。师范生由原来的被动听课者变为教学活动的参与者，充分发挥了学生的主体作用，体现了微格教学的优势。

在微格教学实习室内，有教师、学生和摄像人员。教师由接受培训的学员轮流担任，学生也由学员扮演。每节微格教学课的时间控制在 10 分钟左右，为了使"角色扮演"的效果更佳，微格教学实践应该注意以下几点。

①在角色扮演前，指导教师要向师范生说明有关角色扮演的规定。②除了执教者和学生以外，减少模拟课堂上其他无关人员，这样执教者在面对摄像镜头时能减少紧张情绪。③扮演"教师"者要把自己当成一个"纯粹"的教师，把自己置身于课堂教学的真实情境之中，一切按照备课计划有组织地进行教学实践活动，训练教学技能。④扮演"学生"者要充分表现学生的特点，自觉进入特定情境。有时也可以让学员扮演一位常答错题的学生，以培训执教者的应变能力。"学生"最好是执教者平时的好朋友，这样初登讲台的执教者能获得一种安全感。

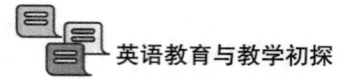

（六）反馈评议

在反馈评议阶段，首先由执教者将自己的设计目标、主要教学技能和方法、教学过程等向小组成员进行介绍，然后播放微格录像，全组成员和指导教师共同观摩。观看录像后进行评议，可以由执教者本人先分享自己观看后的体会，看事先设定的目标是否达到及自我感觉如何；再由全组成员根据每一项具体的课堂教学技能要求进行评议。评议过程由以下三个环节构成。

1. 学员自评

①照镜子，找差距。由教师角色扮演者分析技能应用的方式和效果，看是否达到预期目标。

②列出优、缺点，肯定成绩，找出不足之处。如果自己认为很糟、非常不满意，可以申请重新进行角色扮演和录像。指导教师可根据条件和时间决定是否重录，尽量做到不挫伤学员积极性。

2. 组织讨论，集体评议

①评议时应以技能理论为指导，分析优、缺点，进行定性评价。

②根据量化评价表给出成绩，进行量化评价。

③提出建设性意见，提出如何做可能效果会更好。指导教师要注意引导，营造一种学术讨论的氛围。

3. 指导教师评议

学习者对指导教师的评价是十分重视的，指导教师的意见举足轻重。因此，指导教师的评价应尽量客观、全面、准确，对于扮演者的成绩和优点要予以肯定，缺点和不足要讲准、讲主要的。要注意保护学习者的自尊心，要以讨论者的身份出现，讨论"应该怎样做和怎样做更好"，这样效果会更好些。

（七）修改教案，反复训练

1. 学员修改教案

根据本人录像，参考技能示范录像和技能理论，对照评议结果，针对不足之处，由学员自己修改教案。

2. 进行重教

根据评议情况，学员可进行第二次实践，重复上述过程。

3. 再循环或总结

关于是否再循环，可以根据培训对象的具体情况及课时安排而定。当然，在课堂教学过程中，各项技能是交织在一起的，任何单项的教学技能都不会单独存在。如培训导入技能，重点研究导入的方式、新旧知识的联系、情境的创设等问题。但导入过程必然用到语言技能，还可能用到提问、板书、演示等技能，只是对这些技能暂不考虑，只重点考虑导入技能的应用情况。

因此，当各项教学技能都经过训练并达到一定水平以后，指导教师应安排学习者进行各项技能的综合训练。也只有对教学技能进行综合训练，才可能最终形成教学能力。

第六章 当代英语课堂活动设计

英语作为国际上最常见的通用语言之一,已经成为我们对外交流活动中一种必要的工具,培养在校大学生良好的英语综合应用能力和英语交际能力是教学改革的目的和重点。英语学习能否取得成功,除了需要高效的英语学习方法外,更重要的是依赖一种多层次、多功能、综合运用各种感官的英语课堂教学活动。本章分为英语课堂活动概述、英语课堂教学活动与方法、英语课堂活动设计的特征与原则三部分。主要内容包括:英语课堂活动的作用、英语课堂活动行为的分析、英语课堂活动的要求等方面。

第一节 英语课堂活动概述

一、英语课堂活动的作用

英语教学大纲指出"着重培养为交际运用语言的能力"。语言能力只有经过大量的语言输入、反复训练和实际运用才能真正获得,这就决定了英语教学要以活动为主。课堂活动的作用在于:第一,可以获取教与学的反馈信息,即通过提问,教师可以了解学生是否掌握了本学科的语言、语法、词汇、背景知识等方面的教学内容,反省自己的教学目的、手段、方法是否能被学生接受。第二,可以激发学生积极主动地思考,即学生在教师的启发引导下搜寻大脑已储存的信息,处理并展开联想,积极思考。第三,培养学生为交际运用语言的能力。在师生互动和生生互动的过程中,学生逐步趋向于用正确、灵活的语言达到交流思想、传递信息以及进行听、说交际的目的。

二、英语课堂活动行为的分析

成功的英语课堂活动可以培养学生的听说能力,活跃课堂气氛,引发学生

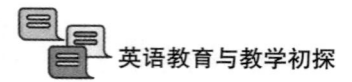

强烈的求知欲和想象力，增进师生之间的了解和沟通。但长期以来许多英语教师缺乏对英语课堂活动的策略和原则进行研究与探索，课堂活动流于形式，表面上看似热热闹闹而实际上费时费力又缺乏实用价值。英语活动有对话、角色扮演、表演自编短剧、猜谜、做游戏、唱歌、绘画、朗读、讲故事、演讲、辩论等，这些活动一定要以相应的教学内容为前提。如果教学活动设计和安排不科学、不系统，不符合英语教学规律和学生实际，课堂组织要么杂乱无章，课堂气氛压抑、沉闷；要么看似热热闹闹，实则学生什么也没学到。

现阶段我国英语课堂活动教学中存在以下问题。

①不同课型的活动差异较大。在讲授新课时，诸如单词教学、对话教学、课文教学的活动要更频繁，远远高于复习课、语法课、练习讲评课。同时，高年级开展英语活动的频率明显低于低年级。尤其是高三学生，随着年龄的增长、心理的成熟，其主动配合参与课堂活动的欲望日减，教师受其影响也改变了教学策略，沿用了老一套的一言堂、填鸭式的教学方法。学生被动接收信息，无积极思考、主动参与的现象。课堂教学如同一潭死水。

②活动的分配不均。英语素质教育要求教师面向全体学生，开发学生的潜能，使不同的学生在不同的层次上保持学习英语的积极性，提高成绩。但是，我们许多英语教师在开展活动时存在如下问题：英语基础好、表现欲望强烈的学生参与活动的机会多；不愿意参与活动或性格内向的学生及大部分英语学习困难生，教师不予以引导和鼓励，不给适当的锻炼机会；活动的教室在区域分配上也不合理。

三、英语课堂活动的要求

（一）活动应体现主体与客体的一致

主体指学生，客体指活动内容。教师在设计、组织活动时，既要准确把握学生的英语基础、年龄特征、心理特点、态度情感，又要充分考虑教学内容、教学要求、教学条件和教学环境等因素，尽可能使主客体协调一致。明显高于或低于学生认知水平和接受能力的活动，都难以达到预期的目的。因此，教师应根据主客体的实际情况，精心设计活动内容与形式，寻找到主客体之间相互作用的最佳结合点，使学生能够积极参与，从而使活动收到良好的效果，促进教学目标的实现。

（二）活动应体现科学性与实践性的统一

活动设计必须科学合理，具有一定的艺术性和思想性。活动内容既要丰富多彩，又要适时适量；活动形式既要多种多样、新颖有趣，又要避免形式主义，讲究实效。活动要有明确的目的和任务，每堂课的每项活动应该直接针对这节课的某一项目标、某一个任务。活动要紧密结合学生的学习实际和生活实际，要有利于激发学习兴趣、开阔视野，培养民主合作精神，有利于形成科学的世界观、高尚道德情操和文明习惯。学生的思想道德是在活动和交往中形成的，有的会在活动和交往中表现出来，教师要充分认识和发挥活动的巨大教育作用。

活动是一种动态过程，是进行听说读写语言实践的具体行为。活动教学要求在进行语言活动的同时，人的五官、四肢都参与活动。要尽可能使所有的学生都投入活动中来，使不同层次的学生都能积极参与，避免"你动他不动"或动而无效的情形。要鼓励学生在大量的语言实践中掌握英语，充分发挥主体的作用。

（三）活动应体现阶段性与综合性的结合

教师在设计活动时，应将阶段性的内容与综合性内容结合起来。要根据每个单元的语言项目和教学要求，有计划、有重点、分层次地组织活动，以确保规定内容的完成。活动不能脱离所学的内容，但也不必局限于新授的内容，而应前后联系、新旧结合，采用螺旋式或循环式的方法，做到既有利于新的语言技能的形成与扩展，又有利于已学知识、技能的巩固与提高。活动设计要由易到难、循序渐进，先单项后综合，先模仿后应用，先语言活动后交际活动。随着学生知识水平的提高和语言能力的增强，活动的难度可逐步加大，其综合性和复杂程度可逐步提高，使听说读写四个方面的技能得到更有效、更全面的发展。

第二节　英语课堂教学活动与方法

一、讲授

讲授是传递信息和接收信息的活动，传递和接收信息是教学作为一种认识活动的开始。对教师来说是传递各种信息和知识，对学生来说是接受各种信息和知识。讲授活动可以分为以下几个类型。

（一）讲解

讲解是指教师以口述方式对教学内容进行解释。讲解的深度和广度必须由教学目的和学生的接受水平决定。

（二）对话

对话是指师生就教学内容相互交谈、交换信息，表现形式通常是问答，也可能是讨论。在师生对话过程中，教师可能对某一语言现象进行讲解。对话法经常与讲解法交叉或结合，对话法与讲解法各有优点和缺点，选用时要视具体情况而定。

在外语课堂上，特别是在培养口语能力的课堂上，对话会占用较多的时间。如果这种对话不是为了传递和获取外语知识，而是为了提高外语口语能力，那么这种对话属于实践和操练范畴，是一种操练活动形式，不属于讲授活动。

（三）叙述

叙述是指教师就某个问题口述一段意思相对完整的话，但这段话并非直接讲授教学内容，然而与内容有关。

在外语课上，叙述通常表现为引言、内容简述、结束语。引言通常比较简短，但具有概括性，主要是为了引起学生对教学内容的兴趣，提高学生的注意力。简述常常利用教学内容的提纲、主干词和句式来揭示教学内容的要点，为讲解的可接受性创造条件。结束语通常是讲授的结论和整节课的总结。

（四）展示

展示是指利用实物、动作、表情（自然直观手段），利用图画、照片、模型（艺术直观手段），利用表格、示意图、示意句式（图示直观手段），利用各种声音（声音直观手段）开展的教学活动。当然也指利用幻灯、投影仪、放录机、电视、多媒体影像等技术直观手段开展的教学活动。

（五）阅读

阅读是指学生按照教师指令阅读教科书中有关内容以获取知识的活动。教科书是学生获取知识的重要来源，是学生进行课外自学的主要依据，学生要获取知识不能完全依赖教师讲解。在教师直接指导下有计划、有目的地阅读教材有助于学生养成阅读习惯，增强对课文、语法和词汇的理解和记忆。学生应结合自己的具体情况，采用精读、速读、重读、选读等不同的阅读方式来保持和提升自己对目标语的输入量，力求掌握英语语法，扩大词汇量，提高理解能力和综合能力。

二、实践

实践是培养技能或能力的活动。在许多学科的教学中，实践通常表现为实验和体验，也有表现为操练或练习的。在外语教学中，实践的表现形式是各种操练活动。

外语教学中的操练有帮助性操练、检查性操练、复现性操练和发挥性操练。帮助性操练的形式有跟读、朗读、抄写等；检查性操练有背诵、看图说话、选词填空等；复现性操练不需要"创造"，其目的是培养形、音、义三维联系能力和综合能力；发挥性操练要求学生有一定的"创造"和即兴发挥成分，如个人或小组演示、对话和讨论等。

第三节 英语课堂活动设计的特征与原则

一、英语课堂活动设计的特征

（一）注重交际应用

实践性和交际性是外语教学的基本特征，并且仅应用于本学科。外语教学的实践性和交际性不能仅仅满足于一般的实践性，如重复、模仿套用、改写等，而要有利于用外语进行交际和模拟交际。基于这一要求，在课堂教学中教师常设计大量的意义操练和交际操练以达到培养学生英语交际能力的目的，如两分钟讲话、师生自由谈话、值日生汇报、分组交谈等。同时，教师也十分清楚学生交际能力的培养不是一蹴而就的，因此常耐心地、有计划地一步步组织教学，根据课堂教学的结构，灵活、恰当地在各个教学环节中安排意义操练和交际操练。另外，重视交际应用还体现在教师坚持精讲多练上，即把课堂的大部分时间留给学生，以便学生自主进行各种练习。

（二）强调巩固和发展

遗忘是外语教学中一个非常严重的问题，外语教学的过程可以说就是与遗忘作斗争的过程，因此，在教学过程中要贯彻巩固性原则。但仅仅进行消极的巩固并不能取得满意的效果，所以在进行巩固的同时还要不断发展学生的实践

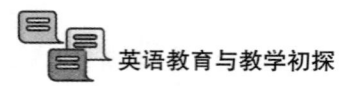

能力，也就是在发展中实现巩固、以巩固求得发展。在具体的教学过程中，教师常将教材内容进行系统的安排，力求做到前后照应、新旧联系，不断进行练习以提高学生的知识储量并培养学生的实际应用能力。

（三）注重满足学生的成功欲

学生具有很强的求知欲，根据学生的这一特点，在英语课堂教学过程中教师通常会设法让学生取得一定的成就，使其获得一定成就感。成就感对于激发学生的学习兴趣和主动性十分有利。这种成就感是在日常生活和具体的交际情景中获得的，因此，教师除按照课本的内容进行操练外，还常结合教材和学生的具体情况创设一些情景，使学生在具体的情景中进行意义操练或交际操练。例如，在教学生"What's on the table?"这一句型时，教师常会手握一件小物品，然后将手放于背后，然后向学生问"What's in my hand? Please guess."这样，学生的积极性就很容易被激发。

（四）经常提出启发性的要求

学生普遍具有较强的好奇心，他们常常希望在学习的过程中发现一些新的东西。这一点对于教师的教学具有启示性的意义，对于启发式教学的开展也十分有利。因此，教师在教学的过程中要时常考虑到启发的作用，经常提出一些启发性很强的问题，使学生的思维始终保持在一种积极活跃的状态。教师的提问形式通常灵活多样，一般向全班学生提出，然后个别活动采用意义操练和交际操练。例如，教师在教"What's the girl doing? Where are the children walking? What's her mother saying to her?"等句型时，往往会先进行一定量的机械练习，然后根据教室的实际情况，如利用挂图、幻灯片内容等让学生展开想象并表达自己的想法。这一活动虽然是个别活动，但全班学生都会集中注意力，积极思考。

（五）采用灵活多样的教学方法

在课堂上，要集中学生的注意力是很难的。因此，教师经常在课堂教学中采用灵活多样的教学方法来合理安排教学内容。例如，在拼读音标时，教师通常会为学生布置课前查阅词典的任务，使学生掌握单词的音标拼读。在教单词时，教师通常会把含有相同读音的单词如"day, say, gay, lay, may, way"等放在一起来教。在教句型时，通常借助歌曲、图片、幻灯片等进行教学。巩固、小结时通常会采用角色扮演或连词成句表演等方法。

二、英语课堂活动设计的原则

（一）活动目的明确

在设计教学活动之前，要考虑开展活动的目的，从教科书和教学大纲入手，这是设计活动的最基本的目标。教科书中的教学内容，是教学化了的知识；是经过周密设计并体现一定教学思想，具有逻辑结构的内容。它虽然是进行高效率系统知识传递不可替代的主要教学依据，但不可忽视的是教科书之外的各种信息也具有特殊影响力。教师要以书本知识为核心，同时利用各种方式拓宽学生的信息来源渠道，还要强调不同学科知识之间的内在联系，既要围绕教材内容，又要丰富教材内容，让书本与实际结合，使课堂与生活相沟通。教师在设计活动时，需明确所要达到的目的，即应实现怎样的教学目标。教师要努力研究教材，透过现象看本质，寻找生活中一些有规律性的东西及解决实际问题的方式方法等。以此为指导设计教学活动，才能更好地让学生掌握知识、发展能力。

（二）活动步骤有序

1. 准备性活动

在教授新语言知识前，引导学生进行一些铺垫性活动。如两分钟热身活动。此阶段多采用唱歌、念儿歌等形式来开始一节课，让课堂一开始就充满了英语学习气氛，目的是让学生通过参与活动而兴奋、激动起来，激起学生的学习兴趣，调动他们的积极性；活动化引入，由教师掌握和控制，其目的是运用各种活动形式把语言知识呈现给学生，从而诱发学生的求知欲，为其他环节做好铺垫。活动形式有角色扮演、情景对话、做游戏等。

2. 过渡性活动

不论是短时间的、快节奏和高密度的操练活动，还是长时间的、慢节奏的活泼生动的意义性活动，都属于过渡性活动。此阶段活动具有师生共同参与活动的特点，旨在培养学生的语言运用能力。它虽不是真正意义上的交际，但却是交际前的准备，是向真实交际的过渡。如开火车、猜一猜、找一找、做一做、动一动、竞赛、角色表演、模仿秀等。

3. 交际性活动

此项活动属于学生自由活动，是学生在已有的语言知识、语言能力基础上，根据自己的意愿开展活动。活动形式有体育竞赛、真实生活情景模拟、创编小

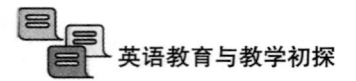

短剧等,如学生分组进行体育竞赛、模拟过生日的场景、模拟吃麦当劳、分组编小短剧等。

(三)活动生动有趣

学生对英语课充满了兴趣,原因在于英语课不像其他课那样单一纯粹。在英语课上会有很多形式的活动,如唱歌、跳舞、手工制作,甚至还加入了其他学科的知识,如数学、地理等。英语教学强调个性化教学,要求教师寻求不同途径,按学生个性特点实施启发式教学,引导学生参与。特别要重视语言学习的实用性、功效性和教育性,使学生学了就能用,让他们感觉到英语的实用价值。在英语课堂上,教师应该为学生积极创设学习英语的情境,搭建表演的舞台,采用形象、生动、有趣的表演方法,将学生带入一个五彩缤纷的英语世界。教材中,每一个单元都提供了一个对话,表演性特别强,涉及了问候、道歉、问路、打电话、问天气等许多日常交际功能性强的用语。如果在这些对话中加上生动、有趣、自然的表演,一定会提高英语课堂教学的效果,使学生乐学、爱学,也培养了学生运用英语进行初步交际的能力。初学英语的学生对英语都怀有好奇心,结合学生爱模仿、爱表现的年龄特征,可以为他们搭建一个展示自我的平台。小学英语教学的主要目标之一就是培养学生的学习兴趣,为此教师应以兴趣为支点,以任务为基础,设计的任务应尽量有趣。从教学实践中可知,一旦学生对某事物或活动产生了兴趣,对他们来说就不是一种负担,而是一种享受、一种愉快的体验,就能促使他们主动地学习、积极地思考,从而取得事半功倍的效果。

(四)活动灵活可控

一堂课的活动应当灵活多变,因此教师要丰富教学组织形式。从课桌排位、教师走动路线、提问学生时的对象选择、学生活动人数安排等方面增强教学的个体针对性,以及师生、生生间的人际交流。还要因人而异,因地制宜。教学是以课程内容为中介的师生教和学的共同活动,教学必须采用适合学生认知状态,使学生易于接受的方式组织学生学习。而学生又是具有不同的思想、情感、行为习惯及认知水平的个体。因此,教师必须在深入分析教材、熟练掌握各种表达手段的基础上去了解学生,了解他们的合理需要,随时变换教学计划、活动方式。教师在课堂教学中,不要再追求课堂的绝对安静和学生的绝对服从,而要允许学生在忘我地投入课堂活动时动起来,这样课堂才能迸发出生命的活力。

因此,教师还要注重活动设计的可操作性,让学生置身于一个逼真的语言环境中，觉得有话可说，有经验可以交流，这样才能激发他们想说的欲望。周围的现实生活是教师设计教学活动的基本源泉。教师的语言要言简意赅，活动方式要一目了然。教师要在尽可能短的时间内，清楚地向学生说明活动的方式方法，让学生想马上参与活动的需求得到满足。注重活动设计的灵活性和可操作性，使活动开展得有声有色。

三、英语课堂活动设计的种类

（一）知识类

该类课堂活动是为巩固所学知识、增加学生语言实践的机会、降低学生记忆知识的难度而设计的。

1. 以"猜谜语"为主线设计课堂活动

当学过一部分英语单词以后，为了让学生复习这些枯燥的知识，就可以用趣味猜谜的方式让学生来巩固所学知识。例如，学过 pen、pencil、book 后，教师可以拿一个包，对学生说："Can you guess what's in my bag？"。学生就七嘴八舌地猜起来。在猜的过程中，学生就能将所学的单词记住了。

2. 以"练口齿"为主线设计课堂活动

每个单元都有一些重点句型，学生在记忆过程中会感到很单调。为此，在课堂上我们要让学生反复说这句话，比赛谁说得快，而且不吞音。这样不仅能使学生熟练掌握句型，而且能让学生逐渐练得口齿清晰，为其以后的语言学习打下良好的基础。

3. 以"歌曲"为主线设计课堂活动

美妙的音乐能激发学生的记忆，所以在学生喜闻乐见的曲调中填上所讲的重点内容，能使学生在欢乐的歌声中掌握所学知识。例如，某教师在讲授身体部位单词和"There be..."句型时编了这样几句歌词："There is a lovely doll. I love her very much. What about you？"。

4. 以"卡片"为主线设计课堂活动

卡片以其使用方便的特点在设计课堂活动时经常被使用。如在讲授进行时态的时候，可以让学生抽卡片，按照卡片所说的动作去做，然后问学生"What is he doing？"，让学生用英语描述表演学生的动作。再如，将所学固定句式写到卡片上，由每排第一个学生抽卡片，然后将卡片上的内容悄悄地传给第二

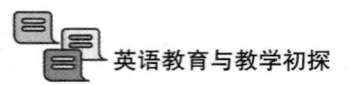

个学生，再由第二个学生传给第三个学生。以此类推，然后由最后一个学生将他们听到的句子写到黑板上，比赛哪一组传话传得最准确。

（二）交际类

学习语言就是为了交际，因此，课堂上交际活动的设计显得很重要。

1. 以"道具"为主线设计交际活动

课堂上"道具"的使用能起到事半功倍的效果，使学生能在相对真实的环境中训练会话能力。例如，讲授"打电话"这个交际主题时，拿一部电话机到教室，让学生轮流用英语"打电话"；讲"看病"这个交际主题时，让一半学生穿上白大褂当医生，一半学生当病人，让"医生"和"病人"表演看病的对话。

2. 以"场景"为主线设计交际活动

为了锻炼学生在实际场景中用英语会话的能力，教师把教室布置成具体的场景，以场景为背景来组织活动。如在讲"圣诞节"时，教师和学生一起在教室中布置圣诞树、彩灯、气球和精美的食品，学生置身这种场景，就会以兴奋的心情、饱满的热情参与到"圣诞节"的英语课堂之中，从而收到意想不到的效果。

（三）情感类

这类活动主要是激发学生学习的外在动力，让学生以饱满的热情参与课堂教学，提高课堂教学效率和学习效果。此类课堂活动主要以"竞赛"为主线来组织教学，让"竞赛"贯穿课堂教学始终，使每位学生都因想在竞赛中获胜而不在课堂上走神。在具体操作时，竞赛时可以将学生分成若干个小组，课堂上的每个问题都是竞赛的项目，下课前几分钟总结比赛结果。在一定时期内进行阶段总结，适当给获胜者以物质奖励或精神奖励。

课堂活动对教师而言是一项创造性的工作，只有熟练掌握教材的教师才能设计出理想的课堂活动。课堂活动对学生而言是各种能力得到综合锻炼的有效途径。在活动中除了要有一定的英语知识外，还要有积极参与的竞争意识、合作意识、角色表演的能力、语言叙述的能力等。课堂活动有助于让课堂"活"起来，让学生"动"起来。教师应将对教学内容的巩固寓于具体的活动之中，让学生通过参与活动，在快乐中自然地掌握知识、提高能力。

课堂活动设计是一门艺术和学问，它要充分体现教学主旨。为了让学生学得更快乐、更有效，我们需要在该领域进一步探索。

第七章　当代英语教学的评价与展望

随着世界一体化格局的逐渐形成，社会对高校毕业生提出了越来越高的要求。而英语作为大学学科中最基本的一项语言科目，对提高应届毕业生的语言表达能力、社交沟通能力起着重要的奠基作用。但是目前我国的大学英语教学模式还存在着一定的不足，严重制约着大学英语教学的进一步发展。在这样的时代背景下，对我国大学英语教学未来发展方向进行一次全面、系统的研究就显得尤为重要。本章分为当代英语语言测试体系、当代英语教学评价体系、当代英语教学的未来发展三部分。主要内容包括：英语语言测试概述、英语语言测试的设计与实施、形成性评价、终结性评价等方面。

第一节　当代英语语言测试体系

一、英语语言测试概述

测试主要是用来了解、检查和鉴定学习者掌握英语的实际水平的一种手段。英语测试是英语教学的一个重要组成部分。通过测试不仅可以评定学生的学习成绩，而且可以了解学生掌握英语的实际水平，借此检查教师讲授和学生学习的效果，从而改进教学，以提高教学质量。

教学进度的快慢，教学重点的确定，练习方式、方法的选择，不仅要根据教学目的，而且还要依据学生掌握英语的实际情况来决定。只有这样，才能使教学取得良好的效果。通过测试不仅可以了解学生的英语水平，而且还可以让学生了解自己学习上的不足，以便调动学生学习上的主动性和积极性，促使学生系统地复习所学的语言材料，改进学习方法，从而使学生的英语水平能得到进一步提高。

测试不仅用以评定教学效果，而且可以通过评定教学效果来评价制约和决定教学效果的各种因素和各项措施。因此，正确地运用测试这一手段可以向教育部门提供可靠的信息，以评价学制、教学计划和教学大纲的制定和贯彻情况，以及教材和教法是否合适、得当。

当前世界上很多国家已经把外语测试作为一门科学来研究，我国近年来也加快了外语测试工作的进程。如果能对测试的目的、性质、内容、方式以及拟定试题的原则和方法等各个方面进行分析和研究，并结合我国目前的教学实际，拟定出各种外语考试大纲和试题，那么必然会大大提高我国外语测试工作的水平，对提高教学质量起到良好的作用。

（一）英语语言测试的产生与发展

通过英语语言测试，教师一方面可以评定学生的学习成绩，了解学生掌握语言的实际水平；另一方面可以借此检查教师讲授和学生学习的效果，从而改进教学、提高教学质量。可见，英语语言测试是语言教学的重要组成部分。

1. 英语语言测试的历史演变

英语语言测试经历了一个长期的历史演进过程。英语语言测试发展的特点是，在特定历史时期呈现出共同的特点。因而对其进行阶段性划分是可行的。

斯伯尔斯基将英语语言测试的发展历史划分为三个阶段：科学前阶段、心理测量与结构主义相结合的阶段和以心理语言学与社会语言学为基础阶段。

希顿认为，英语语言测试大致经历了以下四个变化时期：前科学时期、心理测量—结构主义时期、心理语言学—社会语言学时期、交际英语语言测试时期。随着语言理论的发展，英语语言测试进入了一个新的发展阶段。

后三个阶段又分别是建立在一定的理论模式基础之上的。具体地讲，后三个阶段分别对应三种英语语言测试模式：心理测量－结构主义模式、心理语言学－社会语言学模式、交际语言模式。

下面我们就来具体介绍英语语言测试的历史发展与演变。

（1）前科学时期的英语语言测试

前科学时期的英语语言测试是20世纪40年代以前的英语语言测试的统称，语言学家斯伯尔斯基称其为英语语言测试科学前时期。至于始于何时并没有定论，但一般认为，最早可追溯到18世纪英国剑桥大学的荣誉学位考试。

前科学阶段的英语语言测试指的是没有科学理论做指导的阶段。在这个时期，语言教师将语言看作一套知识系统，其中主要包括写作、翻译、语法，因而测试方法以论文写作式的短文写作－翻译法为主，而听力、口语则不属于测试的范围。测试的内容很像一种文学的附庸，带有浓厚的文学色彩。测试全凭经验和传统，完全是知识性的，对语言能力的考查较弱；测试设计本身随意性强，缺乏科学性，又缺少统一的评估标准。但是，这一时期的英语语言测试的尝试，为以后英语语言测试的发展奠定了实践基础，积累了经验。它是在当时盛行的语法翻译法的基础上产生的。由于传统的语法翻译法侧重系统地讲解语言知识，练习形式主要有背诵、听写、造句、回答问题、翻译等；使用的材料以语码为纲；强调死记硬背，语言训练为单技能训练且脱离上下文语境。因此，在语法翻译法的基础上产生的英语语言测试也主要是考查学生对这三方面知识的掌握情况。

（2）心理测量—结构主义时期的英语语言测试

心理测量—结构主义时期，指的是20世纪40年代至20世纪70年代之间的这个时期。

20世纪40年代，行为主义心理学与结构主义语言学兴起并迅速发展起来，其影响逐渐扩大到英语语言测试领域。行为主义心理学家认为，语言行为是一连串的刺激反应过程。结构主义语言学家认为语言是一套符号系统，并且是可以分解的符号系统，该系统可以分为语音、词汇、语法等。心理语言学领域的心理测量学在结构主义影响下得到了新发展，并对英语语言测试产生新的影响。

在此基础上形成的心理测量—结构主义认为，语言能力是可以划分为语音、词汇、语法等成分的离散系统。被测试的语言能力可以理解为语音、词汇、语法等语言点的总和。持此观点的代表人物是著名的英语语言测试专家拉多，其在经典著作《英语语言测试》中将语言能力分为语音、句法、词汇和文化，认为语言考试可通过说、听、读、写4种方式测试语音、句法、词汇和文化。

因而，可以通过离散型题目考查学生对每个分解的元素的掌握程度。比如，可以通过设计词汇填空来考查学生对词汇的把握；可以通过设计语法填空考查学生的语法能力；可以通过作文来考查学生的文化能力。这样一来，每一道测试题都有具体而明确的考查目标，确保测试的有效性。

与此同时，测试的信度和客观性得到重视。数学统计方法被引入英语语言测试领域，人们开始对试题难度、区分度、整卷信度等因素进行统计并进行定量分析。

心理测量-结构主义时期的英语语言测试虽然比前科学时期有了长足的进步，但是也存在不可否认的缺陷，那就是把语言构成要素分解开来进行单独的考查，必然忽略这些元素之间所固有的相互影响。到了20世纪70年代中期这种测试法受到了广泛的挑战。奥勒指出这种分析法的结构效度不高，存在着严重的缺陷："离散分析必然将语言的构成要素进行分解，孤立地逐项进行教学（或测试），极少考虑或根本无视这些构成要素在更大的交际语境中是如何相互作用的。将离散分析作为语言教学或英语语言测试的基础，最大的不足是，使分割成各要素的语言失去了本质。事实上，在任何一个系统中，构成要素都是在相互联系中体现其本质和作用的，将其孤立起来，也就失去了系统的本质和作用，总体远大于构成要素的总和……构成要素之间的组织制约关系是一个系统的本质特征，把构成要素孤立起来就失去了这种本质特征。"

正因为如此，盛极一时的心理测量－结构主义测试模式开始被心理语言学－社会语言学模式超越。

（3）心理语言学－社会语言学时期的英语语言测试

自20世纪70年代中期起，心理测量－结构主义测试体系开始受到质疑和挑战。

实际上，美国语言学家乔姆斯基早在20世纪60年代就提出了转换生成语法理论，认为语言是以有限的手段做无限的运用，不是一个封闭系统，而是一种创造活动。乔姆斯基强调语言能力和语言行为是两个不同的概念，应当加以区分。但值得肯定的是，心理测量学测试的信度很高，争议的关键主要在于"离散分解"式考查模式的合理性。从20世纪70年代中期起，英语语言测试界开始重视总体综合法的研究。保留了心理测试，摒弃"离散分析方法"，进而形成了以心理测试学为基础、重视总体分析的英语语言测试模式。斯伯尔斯基将这一时期称为心理语言学－社会语言学时期。

新兴的社会语言学家提出语言交际能力，认为语言能力指的不仅仅是按照语法规则构造出正确的句子，而且还包括在不同的语境中正确地使用这些句子。这就对英语语言测试的效度提出了新的要求，而孤立地测试语言点的单纯离散型题目达不到这一要求。因而，测试者开始注重综合分析的方法。

这一时期的主要特征就是综合英语语言测试。综合英语语言测试是针对心理测量－结构主义时期的离散分析模式提出来的。离散分析模式将语言分解为不同的元素，认为一次只可以测试一个语言点；而综合测试正好相反，主张通过一次测试全面地评价学生的总体语言水平，学生必须综合地运用各种语言知识和技能。

这一时期采用得比较多的是综合题，如完形填空、综合改错、听写、口试、作文等。通过采用这些综合型题目，对学生的语言能力进行综合性考查。相比上一阶段的离散型题目，其更具科学性。

但是，存在的疑难问题是，对测试结果的评价标准难以统一，这就降低了测试本身的效度。当然，这里不包括可以以客观题方式出现的综合题目。

（4）交际英语语言测试时期

自20世纪80年代起，交际教学法发展迅速，逐渐影响到英语语言测试领域，初步形成"交际英语语言测试"。

实际上，早在1972年，美国社会语言学家海姆斯就提出交际能力的概念。20世纪80年代，卡纳尔和斯温对海姆斯提出的交际能力概念进行了补充和发展，认为交际能力包括四种能力：语法能力、社会语言能力、会话能力和策略能力。该理论影响了20世纪80年代人们对交际能力测试的研究。

20世纪90年代初，美国应用语言学家巴克曼继承和发展了海姆斯等人的研究成果，提出了一个新的交际语言能力测试模式。该测试模式全面揭示了语言能力的性质及其组成部分，对英语语言测试界产生了广泛的影响，被认为是"英语语言测试史上的里程碑"。

巴克曼认为交际能力就是将语言知识与语言环境结合起来进行创造并解释含义的能力。这种能力由三部分组成：语言能力、策略能力、心理生理机制。每一部分又可以进行更细的划分，比如语言能力可以分为组织能力与语用能力。

巴克曼强调语言的交际不只是简单的信息传递，而是发生在情景、语言使用者和语篇之间的动态交互过程。

英语语言测试应测量包括语法、语篇、社会语言能力和策略能力在内的语言交际能力。

因而，交际英语语言测试既考查被测试者的语言知识，又考查测试对象在特定语境，尤其是在社会语境中恰当运用语言的能力。这样就弥补了分离性测试中将语言分解孤立考查、综合性测试中目的不明确以及题目之间相互影响的不足。在交际英语语言测试中，受试者从局外走入局内，参与形成交际的过程。

但是，交际英语语言测试最大的缺点是，它过分强调交际和表达，在此教学思想指导下培养出来的学习者表达的流利性得到了提高，但语言准确性受到严重影响，语言向口语式语言异化。另外，交际英语语言测试费时费力，不适合大规模测试的进行。

2. 英语语言测试的发展趋势

所谓英语语言测试的发展趋势，是就发展的共性而言的，至少应当是发展的趋同性。但是，学者们在概括这一问题时，却出现了多样化的表述，这似乎与"趋势"的概念相矛盾。

但是，我们通过仔细分析可知，趋势本身是多样化的。原因很简单，趋势本身存在宏观与微观之分，也就是我们通常所说的大趋势与小趋势。

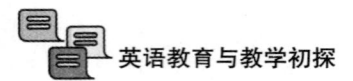

在这里我们对英语语言测试发展趋势的探讨基于以下一些基本认识。

①英语语言测试必然向前发展，其发展趋势与相关学科的发展相联系。其中影响较大的是语言学理论由结构主义转向功能交际主义，心理学从行为主义心理学转向认知心理学，语言教学由注重形式转向注重意义和功能，由重视语法能力转向重视交际能力和语用能力。这样的变化导致英语语言测试的形式呈现多样化的趋势。

②英语语言测试受这些学科的影响不是均衡的。也就是说，在某一特定的时期，英语语言测试可能受其中一部分学科的新变化的影响要大一些，而受其他学科的影响会小一些。这样一来，受影响大的那部分呈现出的就是宏观的发展趋势；而受影响小的那部分，如果有变化的话，就演变为微观趋势。这正是宏观趋势与微观趋势的来源。

因此，这里我们遵循上述基本认识，从宏观与微观两个层次探讨英语语言测试的发展趋势。

（1）宏观发展趋势

①基于任务的英语语言测试（TBLA）。英语语言测试随语言教学的发展而发展，语言教学起初以语言形式为核心，但是这种教学方式完全忽略学习者的需求，而只是孤立地讲授各种语言形式，容易导致学习者厌学，且其实用性、实际操作性都不强。考虑到这一教学法的弊端，语言教学者开始考虑另外一种教学方法，即将课堂设计成类似儿童习得母语的环境。在这样的环境下，教师提供综合的而不是分离的语言材料，让学生在现实情境下进行交流与学习，并根据自己的学习情况总结出各种语法规则。对语言形式的直接讲授被搁置起来。这种教学方法过分强调交际和表达，学生表达的流利性得到了提高，但由于缺乏对语言形式的系统学习，语言准确性受到严重影响，语言趋向口语化。

为调和上述两种教学方法的矛盾，研究者提出了一种新的方案，即语言教学仍以有目的的交际和语意表达为核心，但不忽视对语言形式的学习，尤其是当学习者在交际活动中出现理解或表达困难时，需要将其注意力短暂地集中到语言形式上来。这种新方案同时顾及语意和形式，满足了学习者的现实需求。这正是基于任务的语言教学模式的理论依据。

在以语言形式为核心的语言教学基础上发展起来的英语语言测试，以考核语言形式为主，将语言分解为各个元素，每题只能测试一个语言成分或一项语言技能。在重语意与交际教学思想影响下发展起来的测试，通常是由测试者直接观察应试者在给定语境下进行交际的能力，并根据其直接表现确定其测试结果。

与此不同的是，在基于任务的教学基础上发展起来的测试既不考核应试者对语言形式的掌握程度，亦不对其语言交际水平进行评估，而只是考查应试者使用语言完成特定任务的能力。

这样的转变发生在 20 世纪 90 年代。TBLA 随之成为研究的热点，代表了英语语言测试发展的一种新趋势。2000 年在加拿大温哥华召开的第 22 届国际英语语言测试研讨会，其中一个主题就是"Putting tasks to the test"。

诺里斯对"任务"的含义做了探讨，认为任务是指人们在日常生活中所从事的各种活动，但这些活动需要靠语言来完成。不难看出，诺里斯所说的"任务"实际上就是一种真实世界的活动。这显然是一种误解。

巴克曼和帕尔默在定义任务时虽然强调完成任务必然涉及语言，但是他们认为，任务型英语语言测试中的"任务"必须具有目的性，必须处在一个特定的场景中；不仅包括测试中的任务，而且包括各种目标语言使用任务。

隆和诺里斯认为，真正的基于任务的英语语言测试是以任务为核心的，把它作为分析的基本单位。测试项目的选择从任务出发，测试工具的编写以任务为基础，测试所要评定的是应试者完成任务过程中的表现。

TBLA 不是简单地拿现实中的任务来引发应试者语言系统的某个方面，从而对其进行测量和评估；相反，测试的构想是应试者完成任务的表现。

②计算机适应性英语语言测试。随着计算机科学技术的快速发展，计算机的现实应用性逐渐增强，计算机的普及程度迅速提高。这为英语语言测试提供了新的发展道路。如何将计算机有效地应用于英语语言测试已经成为语言教学和研究人员研究的热点。2001 年在美国举行的第 23 届国际英语语言测试研讨会的主题，就是基于计算机技术的英语语言测试新技术、新方法。其中，最具代表性的是计算机适应性英语语言测试，它是指把计算机适应性测试的原理和方法运用到英语语言能力测试中去。

计算机适应性英语语言测试的兴起有其客观必然性。其一，英语语言测试开始注重个性化测试特征，测试开始满足特定测试者的个性需求，向以受试者为中心方向发展。测试的过程要在最大程度上适应受试者的个性特征（如受试者的语言水平和认知特征等）。这种需求在传统的纸笔测试中很难被满足，而计算机适应性英语语言测试为满足这种需求提供了可能。其二，计算机适应性测试可以充分应用计算机软硬件设施、多媒体技术，充分应用图像、声频使声音信息场景化，同时使考生能够控制速度并要求重复，使得语言任务的真实性大大加强。

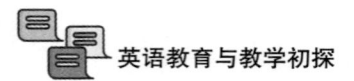

计算机适应性测试自身经历了一个由初期机助英语语言测试到计算机适应性测试，再到计算机自适性测试的过程。初期机助英语语言测试仅仅是试题载体的转化，即利用计算机管理英语语言测试或简单地把传统的纸笔测试试题"搬到"计算机上，测试任务与构想与传统的纸笔测试并无区别。这种测试只是利用计算机作为试题新的载体，而没有观念的更新；随着计算机技术的发展以及人们对计算机的了解与使用的增多，机助英语语言测试逐渐向基于计算机的英语语言测试演变。基于计算机的英语语言测试（CBLT），指在英语语言测试中使用计算机出题、考试、评分，进行试卷分析及成绩反馈；而真正理想化的计算机测试应当是后来出现的计算机自适性测试（CALT），这种测试能为每位受试者提供符合其语言能力的题目或任务，注重考试过程及其测试精确度的提升。

雅思、托福等测试都已逐步改成机考。计算机适应性测试亦不再局限于英语语言测试领域，而逐渐为其他用途的测试所采用。比如我国近年来的银行业招聘，各大银行开始尝试全国统一的上机测试，以及证券业协会组织的证券从业资格考试上机测试等。

在计算机适应性测试中，值得一提的是基于语料库的英语语言测试。语料库是为某一个或多个应用而专门收集的、有一定结构的、有代表性的、可以被计算机程序检索的、具有一定规模的语料的集合。将语料库运用于英语语言测试具有极大的便利性与优势：无论是题库设计与题型选择、试题选择与传送还是能力评价，语料库的便利性都是不言而喻的。运用语料库进行测试最典型、最成功的案例就是托福和雅思。这两种测试在实践上证明了语料库用于英语语言测试的可能性。我国某些高等学府也开始尝试进行自己的语料库建设，比如清华大学计算机适应性测试已经成为英语语言测试新的发展趋势。我们应顺应这一趋势，加强理论研究，适当引进国外现有的测试软件，加快建设新题库，从而进一步充实完善现有的题库。

（2）微观发展趋势

英语语言测试的微观发展趋势主要表现在以下几个方面。

①从对语法和词汇到对听、说、读、写、译综合运用能力的考查。单纯的语法或词汇考查已经基本不见，但是对语法与词汇的考查则还以其他类型的题目存在。但是，这种考查逐渐向听、说、读、写、译综合运用能力演化。国内外一些大规模的英语语言测试，如全国公共英语等级考试、大学英语四六级考试、英语专业四八级考试、托福考试、雅思考试都测试听、说、读、写、译等单项语言能力和语言的综合运用能力。

②口语测试越来越受重视。这与现实的社会经济发展相联系。商业的发展、国际交流的增多，使得语言交流成为社会常态，成为基本的社会需求，而基于此的口语学习盛行，口语教学的地位愈来愈受重视。而相关的口语培训更是如火如荼，这必然导致口语测试的重要性的加强。比如在我国的大学英语四六级考试中，口语测试成为重要的组成部分。

③主观题大量增加。对应试者综合运用语言能力的考查使得主观题的题量大增。计算机阅卷等技术的发展使得客观题目的阅卷时间大大缩减，这就客观上为主观题的增加提供了保障。

（二）英语语言测试的标准与种类

1. 语言测试的标准

我们常常从效度、信度、区分度和反拨效应等几个方面去评价一项测试的好坏。

效度是衡量语言测试成功与否最重要的指标，指一项测试测量了它所要测量内容的程度。测试的效度如何，取决于它是否达到了测试的目的和是否真正测量了它所要测量的内容。效度的概念包括若干方面。

内容效度指测试内容包括了所要测量的语言技能、语言结构等方面有代表性的要素。同期效度指将一次测试的结果与另一次同时或时间相近的测试的结果相比较，或者与教师对学生的评价相比较而得出的相关性系数。预测效度指测试结果预测考生未来的语言水平的准确程度。结构效度指测试能明确体现出要测的能力。结构效度的高低是指考试的结果能在多大程度上揭示人的语言能力及与语言能力有关的心理特征。一般来讲，直接测试在结构效度上不会有太大问题，但间接测试可能会产生结构效度的问题。表面效度指测试看上去是否能够测出它所要测的能力。如果一个测写作能力的测试却不要求学生写作，则被认为无表面效度。

信度指考试测量学生语言能力一致性的程度，即考试结果的可靠性和稳定性。测试的信度包括测试本身的信度和评卷的信度两个方面。检验测试信度的方法有重复测试法、分半法和平行试题法等。重复测试法指用同一套试题，在考后较短时间内使同一组学生再考一次，然后得出两次测试分数的相关性。分半法只进行一次测试，然后将试题的题号按奇偶数分为两半，得出两半所得分数的相关性。平行试题法是指设计一套形式及内容与原来试题相当的试题，让同一组学生在连续时间内或者极短时间内做这两套试题，然后得出两次成绩的相关性。评分者信度在客观测试中的信度系数可以达到最高，在主观测试中则

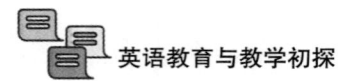

会产生问题。评分者信度研究的目的就在于最大限度地提高评分的准确性和一致性，减少人为主观因素对分数客观性的影响。评分者信度可分为两个方面，一是同一个评卷人前后评卷标准的一致性，二是不同评卷人所用标准的一致性。

信度和效度是衡量测试质量的最重要的两项指标，它们之间既相互依存，又相互排斥。一项测试如果没有信度，也就无所谓效度，信度是效度的前提或必要条件。然而，有信度的测试未必就一定有效度。对于一项测试而言，信度与效度都是必不可少的。但是，任何测试都难以兼具极高的信度和极高的效度。因此，语言测试应侧重考虑效度要求，在此基础上尽可能地追求信度。

试题的区分度是指某一试题区分不同水平考生的能力。如果好的考生能做对一道试题，而差的考生做不出，说明该题的区分度高，因为它区分出了不同能力档次的考生。相反，如果水平低的考生做对一道试题，而水平高的考生反而做错该题目，则该题的区分度较差，应予以修改。为保证试题有较高的区分度，一套试卷应该包括各种难度的题目。

测试的反拨效应是指语言测试对语言教学与学习的影响。测试对受试者和教师有着直接的影响。对受试者的影响主要体现在三个方面：一是参加考试的体验或备考的体验；二是根据其考试成绩所提供的反馈；三是根据其考试成绩所做出的决定。对教师的影响体现在对教学过程的影响，如教学目标、教学内容、教学方法、教学评估等方面。语言测试的反拨作用既有积极的一面，也有消极的一面。积极的反拨作用能反映和鼓励良好的课堂实践，而消极的反拨作用会对教学和学习产生不良的影响，导致以考试为指挥棒的应试教育。因此，积极的反拨作用是评估语言测试好坏与否的主要标准之一，也是语言测试设计要遵守的原则之一。

2. 语言测试的种类

依据不同的标准，语言测试可以分为不同的种类。

从测试目的的角度，语言测试可分为学业成就测试、水平测试、能力测试、诊断性测试和编班测试。学业成就测试是一种检查教学情况的考试，按照教学大纲和教学内容命题，命题一般由教师完成。期中考试、期末考试、单元测试、毕业考试等都属于学业成就测试。水平测试考查学生的语言能力是否达到了一定的水平，从而决定其能否适应以后的升学或工作的需要。设计者不考虑受试者所学课程的内容或目标以及学习经历。托福考试、雅思考试等都属于水平测试。学能测试用于预测学生学习语言的潜在能力。学能考试不根据过去教学内容来命题，而是基于对语言潜在能力的结构分析。学能包括发音能力、语法结构敏感性、机械记忆能力等。学能测试的目的是通过考查考生模仿、记忆等方面的能力来判断其学习语言的潜力。诊断性测试与学业成就测试相似，用于考查学生掌握某一教学内容的情况，可以用来考查单个语言项目，也可以是综合性的，其目的在于改进教学、调整教学计划、进行个别指导。编班测试，顾名思义，是为了把学生按不同水平分在不同的班级以便于以后的教学，根据学生的语言水平选择教材，合理地进行课时分配等。

从测试题型的角度，语言测试可分为分离式测试和综合性测试。分离式测试是在结构主义语言学的影响下产生的，主张分项测量语言知识和语言技能，强调每个测试题目只测试一个语言点，并且答案唯一，常用的题型为单项选择题和多项选择题。综合性测试以心理语言学为基础，认为单项语言知识和语言技能的总和不等于一个人的综合语言能力，主张考查学生综合运用语言知识的能力。常用的题型有完形填空、阅读理解、段落听写、口语、写作、翻译等。综合性测试通常同时测试几种不同的语言技能，如听力－口语、阅读－写作能力。

根据解释分数的方法，语言测试可分为常模参照型测试和标准参照型测试。常模参照型测试是指把某一考生的考试成绩与参加同一考试的其他考生的成绩相比较以判别其语言能力的测试。常模参照型测试主要用于大规模的选拔性考试中，我国的高考就属于这种测试类型。标准参照型测试是以某种特定的语言能力标准为判别标准的测试。其关键是设定标准，然后依据标准进行命题，测试结果根据标准进行评定。如托福考试、大学英语四六级考试、英语专业四八级考试等都属于这种测试类型。

根据评卷标准，语言测试可分为主观性测试和客观性测试。

主观性测试的评卷标准主要根据阅卷者个人的判断，常用的题型有简答题和作文题。客观性测试的评卷标准已事先确定，通常是唯一答案，不需要阅卷者的个人主观判断。随着技术的发展，这一类型测试题的评卷工作可以由机器快速而准确地完成。

根据实施测试的媒介，语言测试可分为传统的纸笔测试、计算机辅助语言测试、计算机自适应语言测试。计算机辅助测试依赖强大的题库，具有生成试卷、实施测验、辅助阅卷、分析试卷、管理成绩等功能，能够减轻教师的负担，提高教学质量和效率。计算机自适应语言测试是对每个考生提供难易度合适的测验项目的一种测试方法，它有三个主要特点：①考试项目根据单个考生的情况而定；②当考生的能力水平得到确定时考试结束；③考试项目较一般纸笔考试更少，时间更短。

随着交际语言教学和任务型语言教学理念的不断发展及其影响力的扩大，以及对传统的标准化考试的批评，人们开展了对语言行为测试的研究。语言行为测试被冠以各种名称，如直接测试、非主流测试、真实语言测试。语言行为测试主要通过让考生完成现实生活任务或仿真任务来测量考生用语言做事的能力或通过做事所体现的语言能力。布朗从测试内容、评分标准、分数解释三个方面列举了语言行为测试的主要优点以及其对课程开发、决策及师生间交流、教师与家长间交流的积极作用。

语言行为测试形式多样，既重学习过程，又重学习结果，反拨效应良好，特别适合教师进行课堂评估。语言行为测试同样适用于大规模测试，尤其是特殊用途考试。

3. 语言学习评价

学习评价是指按照数据或资料分析以评定学生的学习过程及学习结果，可分为形成性评价和总结性评价。形成性评价指在教学过程中为了获得有关学习的反馈信息，系统评价学生对所学知识的掌握程度，是针对学生的学习行为与能力发展所进行的过程性评价，是教学过程的有机组成部分。总结性评价指学习过程结束之后进行的对学习成果的测量。它是一种结果性评价，是在某一相对完整的教学阶段结束后对整个教学目标（或学习目标）实现程度做出的评价。

形成性评价和总结性评价有着不同的作用，在教学中应按照教学情况和学生特点选用合理的评价方式，实现形成性与总结性评价相结合。

（三）英语语言测试的内容与目的

1. 英语语言测试的内容

测试内容的确定至少应包括教材分析、教学内容的分解、测试目标的设定以及测试内容的筛选等几方面的工作。从理论上讲，英语测试内容可分为语言知识和语言能力两大部分。语言知识主要包括语音、词汇、语法等方面的知识；语言能力主要指听、说、读、写、译等技能。而在现行的英语测试中，语言能力的测试在许多场合却受到了冷遇，大多数考试主要考察知识掌握情况，这导致不少能考上英语专业的学生实际上对英语"既聋又哑"。这种语言知识和能力严重失衡的状况显然与我们长期的教学模式以及测试的导向密切相关。这种英语测试的不足在于无法直接反映学生的语言能力，尤其是说和写的能力。再者测试中的语言取样与生活中真实的语言相差甚远。语言是一种交际媒体，语言的测试内容自然要体现其真实性和实用性。

随着语言学、心理测试学等领域的研究和发展，人们早已不满足于传统的以语言知识结构为中心的测试模式,并且为新的交际英语测试模式开辟了新的视角。

2. 英语语言测试的目的

每一种测试都应有一个明确的目的,而语言测试的目的直接影响着语言测试的信度和效度。目前的测试可以分成以下几种:水平测试、成绩测试(也称学业测试)、分班测试和诊断测试。效度指的是考试达到预定目的的程度。比如旨在测试学生口语能力的考试让学生开口说英语,或测试英语书面表达能力的考试让学生写一篇作文。我们就可以说这样的考试具有较高的效度。又比如,从测试目的来看,大学英语四、六级考试是为了检查教学大纲的实施情况,它应该属于成绩测试类考试。但从大规模标准化考试形式来看,社会上却认定它是像托福之类的水平测试,因而许多用人单位把通过考试作为录用条件,而实际上却对通过四、六级考试的被录用者的英语能力并不满意。值得注意的是,成绩测试的目的是测量学生应该学到的知识和掌握的技能,而不一定是学生实际上的英语水平。所以,英语测试改革应从明确测试目标做起。

(四)英语语言测试的基本原则

教师要努力形成符合教师个人风格、具有可操作性、符合教学目的的测试评价体系。英语测试评价要从关注学生的缺点和错误转向关注学生的进步和发展;从单一的考试方式转向多样化的测试评价方式。同时,教师应该遵循以下一些基本原则。

1. 发展性原则

即注重平时学生参与各种教学活动时所表现出来的学习态度、交际能力,注重学生的学习过程和进步。

2. 多维性原则

即采用多样化的测试评价方式,努力对学生的综合语言运用能力的各项指标进行较为全面的、真实的测量。教师可以根据评价的目的、作用和特点选择评价的方式,可以是非测试性评价、测试性评价。评价纪录方式可采用描述性评价,也可以采用评分式评价。

3. 参与性原则

即让学生参与到测试评价中来,他们既是学习的主体,也是测试的主体。

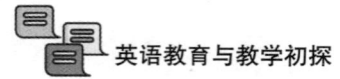

4. 激励性原则

即让学生体验进步和成功，反思学习过程与方法。

5. 交际性原则

即引导学生学习和掌握语境理论在听力、完形填空、单项选择、阅读、翻译等测试中的作用，培养学生的推理分析能力、综合运用能力和语言交际能力。

二、英语语言测试的设计与实施

（一）语言测试的题型和步骤

1. 简答题

几乎可用于测试所有语言知识和技能，有的要求简短回答，有的要求详细地回答。

2. 判断正误题

基于材料判断所给句子的正误，主要用于测试听力和阅读能力。命题容易，评分便捷。

3. 单项选择题

包含一个题干和若干选项（一般为4个），要求考生选出唯一的正确选项。命题难度较大，但评分便捷，被大量用于标准化考试中。

4. 填空题

要求考生填充词语、补全句子，有时给出单词要求填入正确的形式。通常用于测试词汇和语法知识，命题难度比单项选择题要小一些，评分便捷，但是有时答案并不唯一。

5. 搭配题

给出两组单词、短语或句子，找出对应关系。常用于测试词汇知识，命题有一定难度，较为费时，但便于评分。

6. 听写题

考官读单词、句子或段落，要求考生写下来。主要用于测试单词拼写，也考查标点符号、大小写等知识，可对学生的语音、词汇和语法知识掌握情况提供反馈。从表面效度来看，还可测试考生的听力理解能力。然而，听写题不能测试口语、阅读和写作能力。命题较容易，但不易确定各类错误在评分时所占的比例。

7. 完形填空题

将一篇文章有规律地或者由命题人员根据测试目的删去一些词或词组，让考生参照上下文将空缺补上。对于空缺部分，有的会给出选项供选择，有的则是开放式的。可用于测试阅读、词汇和语法，能考查学生综合运用语言的能力。命题较容易，但可能会有多种可接受的答案。

8. 句型转换题

根据要求对所给句子进行转换。如给出一个一般现在时的句子，要求将其转换为一般过去时；将主动语态转换为被动语态。可用于测试语法知识，命题、评分都比较容易，但是效度值得商榷。考生能够正确地转换句型，但不一定能在交际中正确地使用相关语法以表情达意。

9. 改写句子题

给出一个句子，要求考生用另一种表达方式改写，但保持句意不变。与句型转换题相比，其难度要大一些。要在理解原句的基础上写出新的句子，本质上是一种指导性写作测试。命题难度较大，评分比较主观。

10. 翻译题

这是传统教学法比较推崇，但交际语言教学法并不鼓励的一种方法，可用于测试考生的综合语言能力。命题容易，但评分比较主观。

11. 作文题

要求考生根据所给话题写出一定长度的文章，用于测试写作能力。命题容易，但评分较难且费时。

12. 口语表达题

要求考生根据所给话题表达观点，用于测试口语能力。命题容易，但实施起来比较费时，且评分标准较难把握。

编制测试题一般可分为四个步骤。第一步，明确测试目的，即属于什么类型的测试、测试哪种语言技能、测试的反拨作用及局限性等。第二步，明确测试要求。包括测试内容、题型、时间分配、学生应达到的语言能力的标准、评分程序等。第三步，编写测试题。试题确定后要给出评分标准。第四步，预测。为了保证试卷的质量，可在较小的范围内进行一次预测，发现问题后及时设法解决。

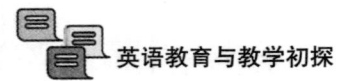

（二）口语测试

根据测试的组织形式，口语测试可分为三种：直接型口试、半直接型口试和间接型口试。直接型口试是一种传统的口语能力测试方式，可以是一个考生面对一个或两个考官，也可以是两个或多个考生同时参加口试，考官当场评定考生的成绩。半直接型口试是一种介于直接型口试和间接型（录音）口试之间的口语测试方式。测试时，考官与考生面对面地进行交流，考试过程全部录音。考官当场不评分，待全部考试结束后，根据考生的录音给出成绩。间接型口试是一种借助录音磁带或光盘，在语言实验室内进行的口语测试方式。测试时不需要考官与考生面对面地交谈，一个考官可以同时测试大批考生。考生根据录音要求，或提问和回答，或个人独白、对话和讨论，考生所有的口语活动均被录在磁带或光盘上。考试结束后，考生将录音带寄往考试中心，由经过训练的考官统一审听评分。

口试的评分方法主要有两种：分析法和综合法。分析法是将口试表现分解为若干要素，如语法、内容、语音语调、流利程度、准确度、词汇等，对不同的要素做不同的加权处理，各要素得分总和即口试的总分。综合法注重评价考生综合运用语言的交际效果，也叫印象性评分，指评分员根据自己的总体印象按照一定的标准进行评分。

综合法的优点是能从总体上把握考生口试表现，评分的速度比较快；分析法须给出分项得分，易忽视考生的总体表现，评分比较费时，但可诊断出考生在某项技能上的缺陷。

口试常用题型有朗读、复述、口译、看图说话、角色扮演、面谈、自由表达、讨论、辩论等。

口语测试的准备与实施要注意以下9个方面：①确定口试目的及考查重点。②确定口试方法及考试时间。③命题。题型和话题是学生所熟悉的，确保学生能够较好地展示他们的口语表达能力。④制定评分标准。⑤准备材料。设计题目和制作图片、考题录音及准备考试所用录音设备等。⑥选定考官并且进行考前培训。⑦确定每个考场考官的人数。⑧选定考务人员。组织考生在候考室等待，引导考生至准备室按规定时间准备，之后引导其进入考场。⑨规定考试场所。明确候考室、准备室、考场、离开的路径，确保已考考生不与候考考生接触。

（三）写作测试

写作测试作为一种直接测试法，其最大优点是效度高；作为一种主观测试，其信度较低，评分标准不易统一；作为一种行为测试，考查的是学生实际运用语言的能力，能给教学带来积极的作用。所以，写作在各级各类测试中都是不可或缺的项目。

一般来讲，写作测试的评分方法有两种：整体评分法和分析评分法。

整体评分法是指评分人员在对文章有整体印象的基础上依据评分量表或者评分细则给文章评分，也被称为印象评分法。整体评分的细则通常对写作文本的不同等级做出解释，一般涉及内容、组织、语言等几个方面。整体评分法的优点是效率高，适合大规模的考试。分析评分法要求评分人员根据作文文本在语言能力的各个分项上做出评价，并赋予单独的分值。分析评分法的评分细则一般也包括内容、组织、语言等方面。分析评分法的优点是可操作性强，能有效减少评分员主观因素的影响，提高评分的信度；缺点是评分较为费时费力，不适合较大规模的考试。

写作测试的命题类型按照文本分类，可分为记叙文、描写文、说明文、议论文四类。命题作文通常有以下几种：段首句作文或主题句作文（给出每一段的第一句话）、提纲型作文、情景作文、关键词作文、看图作文、图表作文、摘要型作文或概要型作文、书信作文等。

语言测试与语言教学密切相关，语言教学的改革和发展必将促进语言测试的改革和发展。语言测试发展的总趋势表现出如下特点：从重语言形式转向重语言运用；从重分项技能转向重综合技能；从间接测试转向直接测试；从单一的总结性评估转向形成性与总结性评估相结合；从纸笔测试转向计算机辅助测试及网络测试；语言测试的研究方法更趋复杂化和多样化，除了常用的信度系数和因素分析等方法外，还运用 Rasch 模型和结构方程模型等方法展开研究。

第二节　当代英语教学评价体系

一、形成性评价

形成性评价是 1967 年由美国的评价学专家斯克里芬提出的，后被美国的教育学家布卢姆引入教学领域。形成性评价通过诊断教育方案或计划、教育过程与活动中存在的问题，为正在进行的教育活动提供反馈信息，以提高实践中正在进行的教育活动的质量。形成性评价采取课堂和课外活动记录、学习档案记录、访谈和座谈、问卷调查等形式对学生的学习进展进行持续评价，它除了评价知识、技能等可以量化的方面外，更适于评价兴趣、态度、策略、合作精神等不易量化的品质，评价结果多以等级加评语的形式来呈现。

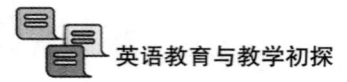

（一）形成性评价的方法

在进行形成性评价时可使用不同的手段和方法，即测试型评价和非测试型评价的方法。使用测试型的方式，教师可设计应用型、综合型的语言应用任务以观察学生获取信息和处理信息的能力、分析问题和解决问题的能力、用英语思维和表达的能力以及与他人合作的能力。教师还可设计恰当的评价标准，全面、具体、细致地观察学生能力的变化。

形成性评价还可以使用非测试型评价手段进行。非测试型评价指在教学中使用信息收集工具，系统地收集相关的教学信息，然后进行分析，再做出决策。非测试型评价可使用的工具有观察、问卷、访谈、检测表、学生成长记录袋。

（二）形成性评价的理念和原则

1. 理念

教学评价是大学英语教学的一个重要组成部分。全面、客观、科学、准确的评价体系对于实现课程目标是十分重要的。形成性评价可以弥补终结性评价的不足。通过采用形成性评价的评价方式，教师不仅可以及时获取有益的反馈信息，帮助教师了解教学效果，改进教学方法，提高教学质量；还可以帮助学生了解自身的学习状况，调整学习策略，提高学习效率。

2. 原则

①形成性评价应该是高校教学规划的组成部分。
②形成性评价应该以学生如何学习为核心。
③形成性评价应该以课堂活动为中心。
④形成性评价应该被认为是教师的重要专业技能。
⑤形成性评价应该是敏感的且有建设性的，因为如何评价会对被评价者产生情感影响。
⑥形成性评价应该考虑学习动机的重要性。
⑦形成性评价应该促进学生实现学习目标，促进教师和学生对评价标准达成共识。
⑧形成性评价应该得到教师关于如何改进教学方面的建设性指导。
⑨形成性评价应该促进学生形成自我评价能力，以利于他们具备反思和自我管理能力。
⑩形成性评价应该认可所有学生各方面的成绩。

（三）形成性评价对英语教学的作用

1. 有利于提高学生学习英语的兴趣

通过问卷调查和访谈可知，绝大多数同学认为把平时成绩纳入最终成绩有助于学习自觉性的提高。通过这种评价，对学生的主动发言率进行了统计，结果发现，由于学生担心平时成绩会影响自己的期末成绩，因此大多数学生不仅积极参与课堂活动，而且表现突出。同时接近90%的学生认为形成性评价给予他们极大的发展空间，这种强调过程的评价为他们提供了更多展示自我的平台和机会，激发了他们"说"的积极性和主动性。久而久之，这种过程性评价使学生由被动地"学"变成主动、有兴趣地"学"，使学生增加学习英语的成就感和自信心。

2. 有利于培养学生的自主学习能力和创新意识

自主学习能力是学生在学习过程中表现出来的一种综合能力。具有这种能力的学生有强烈的求知欲，善于利用科学的学习方法，合理安排自己的学习时间，善于积极思考，敢于提出问题，在学习过程中表现出强烈的探索和进取精神。因此我们要提供多样化的学习方式，让学生成为学习的主人，从而提高学生的创新意识和实践能力。而在实施形成性评价的准备过程中，学生可根据自己的兴趣、专长来自主选题，变被动学习为主动学习，提高学生的自主学习意识和自主学习能力，同时也为学生提供展示创造性思维和动手能力的空间。此外，在实施学生自评或互评的课堂评价时，学生成了课堂教学活动的主体，教师只是课堂教学活动的组织者和管理者，也实现了真正意义上的"以学生为中心"的教学模式。

3. 有利于培养学生的团队精神和合作意识

大多数课堂及课外活动都需要学生通过合作来完成。在这一过程中增加了彼此的交流，了解自己和他人的英语水平，有利于学习他人长处，而且交际能力也得到了提高。同时这些活动又与学生平时成绩相关，学生在准备这些活动时非常认真和投入，表现出了很强的集体荣誉感。

4. 形成性评价对教师起到激励的作用

形成性评价体系要求教师在整个教学过程中组织、实施形式多样的第一课堂及第二课堂活动，建立和完善平时成绩册、学生档案、学生自评互评记录等材料，对学生的表现实行动态管理。这样才能使教师深入接触学生，了解学生平时的教学信息反馈以便于教师反思教学行为，调整教学策略，提高课堂教学

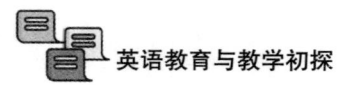

效率。所以，这种评价体系可以激励教师建立一套完整规范的管理制度，使教师的教学和管理更加规范和具体，避免了随意性。

5. 形成性评价具有完整性

形成性评价直接指向正在进行的教学活动，贯穿整个教学过程始终。所以形成性评价可以对教学过程中出现的问题予以及时发现和纠正，同时对下一个教学任务做出准确的预测和调整。所以它具有评价行为的长效性和全面性。

6. 形成性评价具有准确性

传统的评价借助一次纸笔测验所收集到的信息不可能收集评价对象在有效活动中方方面面的信息，也不能收集到整个学习过程中所包含的整体信息；而形成性评价是持续的、多方面的，可以保证信息的全面性、持续性和可靠性。同时对语言学习的评价是个多维度的评价行为，从语言本身来看，包括听、说、读、写、译、交际能力；从学习者来说，包括学习策略、学习者实际水平、个人进步、个体差异；从学习过程来看，包括教学目标、教学方法、教学模式与学习者知识储备、认知能力、学习策略的契合度。这些都是通过形成性评价才可以实现的，终结性评价与这些要求是脱节的。

可见，进行形成性评价，教师可以在英语教学中通过多种途径及时发现学生的学习需求和学习难题，用以改进教学。同时，学生课上表现的及时反馈也有利于学生反思和调控自己的学习进程，增强其学习自信心，从而更加积极地参与教师在课堂上组织的教学活动，形成教与学的良性循环。

二、终结性评价

布卢姆等把对学生的终结性评价看成在一门课程教学结束后对学生的学业成绩进行的评估，评估为的是判定学生是否达到课程所规定的某一水平要求。因此，终结性评价会出现在某一教学阶段之后，目的是了解学生是否达到了某一教学阶段所规定的目标或水平。教师可以在学期结束或学段结束时使用终结性评价来了解学生是否达到了课程标准所规定的级别、水平。

终结性评价以期中、期末和能力水平考试的方式进行。如果过多依赖于终结性评价，以考试成绩来评定学生的学习能力和教学质量，这无疑会强调分数的重要性，导致相当多的学生学习英语的动机和目的就是通过考试，不利于保持学习兴趣的持久性，也忽视了语言运用能力和交际能力的培养与提高。而形成性评价这一在教学过程中实施的评价活动恰好能弥补终结性评价的不足。

培养学生综合语言运用能力是英语课程的目标要求。因此，终结性评价必须以考查学生综合语言运用能力为目标。当然，在不同的学段，综合语言运用能力有着不同的体现和不同的标准。

终结性评价一般采用考试的形式，但也可以采用其他方式，如项目报告、小论文、实验报告、专题演讲、辩论、表演等形式。成绩记录也可尝试多种方式。由于考试是终结性评价的主要形式，按照课程标准如果采用考试形式进行学段、学期或结业考试，测试应包含口试、听力和笔试的内容，并可以通过设计理解（听力理解、阅读理解）与表达任务（听后写、读后写）来检测学生运用语言知识的能力。试题的设计要注意综合性，要注意评分标准的科学、合理，也应按实际情况运用电脑及教育技术辅助考试，以达到更快、更准确地考查学生综合语言运用能力的效果。

三、多元评价

不同于1986年《大学英语教学大纲（文理科本科用）》和1999年《大学英语教学大纲（修订本）》对测试的规定，2004年版《大学英语课程教学要求（试行）》和2007年版《大学英语课程教学要求》则在教学评估和教学管理两个方面说明了教学质量监督和评价。

教学评估是大学英语课程教学的一个重要环节，全面、客观、科学、合理的评估体系对于实现课程目标至关重要。它既是教师获取教学反馈信息、改进教学方法、保证教学质量的重要依据，又是学生调整学习策略、改进学习方法、提高学习效率的有效手段。

教学评估分过程性评估和终结性评估两种。

过程性评估包括学生自我评估、学生相互间的评估、教师对学生的评估、教务部门对学生的评估等。各校通过查看课堂活动和课外活动记录、网上自学记录、学习档案记录及访谈和座谈等形式对学生的学习过程进行观察、评估和监督，促进学生有效地学习。这种过程性评估在以学生自主学习为特点的多媒体教学中尤为重要。

终结性评估是指期末课程考试和能力水平考试。即使作为一种定量测试手段，这种考试也应以评价学生综合应用英语的能力为主。但是这种考试不应以学生所获得的读写译考试成绩来代替或平衡听说成绩，反之亦然。

对于目标要求的评估，各校可以根据《大学英语课程教学要求（试行）》中一般要求、较高要求或更高要求单独命题、组织考试，也可实行地区或校际联考，也可参加全国统一考试。无论采用何种形式，都要充分考核学生实际使

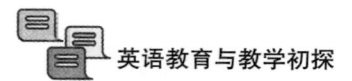

用语言进行交际的能力，尤其是实用型口语和书面语的表达能力。

各级教育行政部门和各高等学校应将对大学英语课程教学的评估作为学校教学工作水平评估的一项重要内容。

2004年版课程教学要求将教学评估分为过程性评估和终结性评估两种，而2007年版课程教学要求则强调对学生学习的评估分为形成性评估和终结性评估。2004年版的过程性评估对应2007年版的形成性评估，但形成性评估有更丰富的内容，"形成性评估是教学过程中进行的过程性和发展性评估，即根据教学目标，采用多种评估手段和形式，跟踪教学过程，反馈教学信息，促进学生全面发展"。2007年版课程教学要求中的形成性评估主要针对学生的自主学习，"形成性评估特别有利于对学生自主学习的过程进行有效监控，在实施基于计算机和课堂的教学模式中尤为重要"。在过程性/形成性评估的其他方面，诸如评价手段和形式等，2004年版课程教学要求和2007年版课程教学要求内容相仿。另外，2004年版和2007年版课程教学要求中都附有"学生英语能力自评/互评表"，并分为一般要求、较高要求和更高要求。通过学生自评和学生之间的相互评价，可以使学生了解自己的英语能力和水平。形成性评估方式还包括教师对学生的评估以及学校教务部门对学生的评估，多种评估方式相结合使评估更加客观有效。此外，两版大纲也提出了多种评估形式，如"课堂活动和课外活动记录、网上自学记录、学习档案记录、访谈和座谈等"。过程性/形成性评估对学生平时的学习具有引导作用，使学生可以根据评估的形式和方式调整自己的学习方法。两版大纲中都有对终结性评估的规定，内容是"期末课程考试和能力水平考试"，形式是学校单独命题、校际联考、地区联考或全国统考。两版大纲也都强调考查学生综合运用英语的能力，尤其强调了对听说能力的考察，但两版大纲在说明上稍有不同。在2004年版课程教学要求中，说明为"这种考试不应以学生所获得的读写译考试成绩来代替或平衡听说成绩，反之亦然"；而2007年版课程教学要求为"不仅要对学生的读写译能力进行考核，而且要加强对学生听说能力的考核"，可以看出，后者在语言说明上更加肯定。2004年版课程教学要求规定"无论采用何种形式，都要充分考核学生实际使用语言进行交际的能力，尤其是实用型口语和书面语的表达能力"；2007年版课程教学要求规定"无论采用何种形式，都要充分考核学生实际使用语言进行交际的能力，尤其是听说能力"。可以看出，2007年版课程教学要求在规定上更加简练，但含义却更加全面。

2004年版课程教学要求和2007年版课程教学要求在教学评估方面还有另一个很大的不同之处，2004年版课程教学要求没有关于对教师评估的规定说明，而在 2007 年版课程教学要求中则做了具体的规定："教学评估还包括对教师的评估，即对其教学过程和教学效果的评估。对教师的评估不能仅仅依据学生的考试成绩，而应全面考核教师的教学态度、教学手段、教学方法、教学内容、教学组织和教学效果等。"对教师的评估是教学评估不可缺少的一部分，但正如大纲所指出的，对教师的评估不能仅仅依据终结性评估，即学生的考试成绩，更应该结合其他方面，如教师的教学态度、手段、方法、内容、组织和效果等，也即更应该侧重形成性评估，这样才能更加客观、公正和科学。

四、英语教学评价展望

教学评价是英语教学质量监督与评价机制的重要组成部分，具有诊断功能、改进与形成性功能、区分优良和分等鉴定功能、激励功能和导向功能。教学评价根据不同的标准可分为不同的类型，包括相对评价和绝对评价、配置性评价、诊断性评价、总结性评价等。教学评价包括对教师的评价和对学生的评价，分别又有不同的评价内容、评价方法和评价原则。

教学评价是教育评价的一部分。教育评价指的是"根据一定的教育价值观或教育目标，运用可操作的科学手段，通过系统地搜集信息、资料并进行分析、整理，对教育活动、教育过程和教育结果进行价值判断，从而为不断完善自我和教育决策提供可靠信息的过程"。与此相似，教学评价可以理解为"根据一定的教学价值观或教学目标，运用可操作的科学手段，通过系统地搜集信息、资料并进行分析、整理，对教学活动、教学过程和教学结果进行价值判断，从而为不断完善自我和教学决策提供可靠信息的过程"。根据《当代教育学》，教育评价有诊断功能、改进与形成性功能、区分优良和分等鉴定功能、激励功能和导向功能等。由此可见，教学评价也应该包括上述几种功能。其中，诊断功能主要是指通过评价发现被评价对象的优缺点，尤其注意发现其存在的问题。改进与形成性功能是在发现问题的基础上，通过改进提出更加有效的教学计划、教学方案，以及更加有效的教学方法、教材、教具等。区分优良和分等鉴定功能主要是指"通过评价人们可以区别、鉴定组织（如学校）、方案（如课程方案）或个体（如教师、学生）等对象的某些方面或各方面水平的优良程度，确定其有无价值或价值的大小，衡量其是否达到了应有的标准、是否能实现国家和社会赋予它的目标和任务"。激励功能主要是指评价结果能给被评价对象带来荣誉、利益等。通过采取一定的激励措施，被评价对象会追求好的评价结果，因此能够全力以赴做好各项工作。导向功能主要是给被评价对象指明努力的方向，使评价指标和标准发挥指挥棒的作用。

关于教育评价，《外语教育学》中有几点说明。①评价主体是所有参与教育的工作人员，而不是少数几个人。②教育评价活动应该采取多种多样的方法，凡是科学的和有效的方法都可利用。如利用测试法、观察法、问卷法等诸多手段来进行定性与定量分析，并在此基础上判断教学质量的高低。③教育评价不是依据人们的主观意识，而是按照教学大纲要求的统一标准来进行判断。④评价的功能是通过对现有教育结果与预定教育目标进行比较，看达标的程度并找出两者之间的差距和原因，为改进教育提供可靠的依据。

按照不同的分类标准，外语教育评价有不同的类型。首先，按照价值标准分类，有相对评价和绝对评价。"相对评价是指在团体内个人与其他成员相比较，评出个人在团体内所处的地位"；而"绝对评价是根据完成既定教育目标和要求的程度而进行的评价……实施的评价是以个人的得分与既定的标准对照比较，鉴定好坏，从而判断完成目标的程度"。按照教学过程和教育结果分类，有配置性评价、诊断性评价和总结性评价。配置性评价"一般用于新的学习阶段、单元、学期或学年开始之前"，用于测定学生是否达到能够学习所学课程的标准，如大学生刚入学时的大学英语分级考试。诊断性评价，有时也叫形成性评价，"它在阶段、期中、单元结束时进行，目的是检查学生前一阶段学习所达到的程度，并为调整和确定下一阶段的教学目标提供依据"。"总结性评价一般用于新的学习阶段、单元、学期或学年结束时，目的在于了解学生经过一个完整学习阶段后的整体效果并进行全面的总结性评价。"

教学评价主要包括对教师的评价和对学生的评价。对于教师来讲教学是一门艺术，教学的艺术性在于"教师遵循教学规律，针对教学对象，灵活运用教法，善于启发诱导，激发学生热情，创造性地组织教学过程，实现教学任务，从而取得最佳教学效果的一整套教学技巧的总和"。根据《当代教育学》，"对教师的评价就是根据学校的目标和教师的工作任务，运用恰当的评价理论和方法手段对教师个体的工作进行价值判断"。一般来讲，对教师的评价主要包括以下基本内容：①政治思想素质和师德修养；②专业知识；③教育教学能力；④专业素质；⑤教育教学效果；⑥教育科研能力和水平；⑦教师的工作量。具体来讲，对教师教学质量的评价有以下几个方面的内容：①评价教师有无教学计划、目标，是否遵循既定教学大纲、是否超纲，教材有无连贯性等。②从学生的反应看教师的教学效果如何，如学生参与教学的积极性如何，教师能否调动学生学习的主动性，学生上课有无提问以及学生能否完成作业，学生课下自学情况如何，教师是否安排预习，有没有明确目标、任务，学生能否跟上教学进度，教师是否重视培养学生的一般学习技能和技巧，教师是否善于组织学生独立钻研，学生听课和做笔记水平怎样，学生课外读物阅读情况如何等。③对教学方法的评价，如教学方法是否能增强学生的创新精神、教学方法有无相关性等。

对教师的评价主要包括：①学生评价。学生评价可以反映教师在某些方面的水平，例如教师态度、教学能力、教学过程、教学效果等。②同行评价。同行评价既包括同校同行教师评价也包括校外的同行教师评价，可以包括同一领域的同行教师评价，也可以包括不同领域的同行教师评价。③领导评价。领导可以采取多去听教师的课、多去了解学生的学习情况、多听取同行其他教师对某一教师的评价、多去了解教师的工作记录等方式，较为全面地掌握教师的信息。④自我评价。教师的自我评价是教学评价中必不可少的一部分，这种评价方式可以增强教师的自我反思意识，分析教学中的优缺点，从而改进和完善教学方法。尤其是当教师能够客观地分析自己的工作和业绩时，自我评价尤其难能可贵。

对教师进行评价应坚持的原则包括：①坚持整体性，进行全面衡量。不能只是根据学生的分数对教师进行评价，应该从教师对学生能力的提高、从学生成长过程中的收获对教师进行评价。②坚持多主体性，从多种途径进行评定。③坚持客观性。④坚持赏罚分明，评价和奖惩相结合。

对学生的评估应该坚持个性化原则。首先要尊重学生的想法；其次要注意到学生个体之间的差异，不宜用统一的标准、统一的规定对学生进行评估；最后要充分考虑到学生的个性。对学生进行评价也应该采取多种多样的方法：①教师评价，教师作为教学的监督者，最能看到学生取得的进步，同时也最能发现学生在大学英语学习过程中存在的不足。②同学评价。作为学习的主体，学生对大学英语某个阶段学习的难易程度更有体会，同学之间除在课上有交流之外，课下相处时间也多，因此在某些方面对彼此的英语能力和水平更加了解。③学校评价。通过参考终结性的考试成绩、学生参加各种英语竞赛取得的成绩等，学校可以对学生的英语能力和水平做出判断。④自我评价。学生自己最了解自己，学生通过对自己大学英语学习进行自评，可以提高学生的反思能力，思考自己的进步，更重要的是看到自己还有可以提升的空间。

对学生的英语学习进行评价包括以下内容：①学生目前的英语能力和水平，既包括现在的听、说、读、写、译能力，也包括学生的理解能力，即理解英语作为语言所反映的世界的能力。②评价学生取得的进步。学生因来自不同的地方，入学时英语水平可能存在差异，如果评价学生在某一阶段取得的进步，更能看出学生在英语学习中的努力。

第三节　当代英语教学的未来发展

一、个性化教学

2007年7月，我国教育部颁布的《大学英语课程教学要求》中明确提出了大学英语的教育性质、教育目标和教学要求，指出"我国幅员辽阔，各地区各高校之间情况差异较大，大学英语教学应贯彻分类指导、因材施教的原则，以适应个性化教学的实际需要"。大学英语个性化教学符合我国高校教育改革的趋势，顺应了当前世界范围内的终身化教育、民主化教育等现代教育潮流。作为一种重要的教学形式，大学英语个性化教学有助于学生独立自主、积极主动地进行英语学习，是培养创新型人才和提高大学英语教学效果的一条重要途径。

（一）个性化英语教学概述

1. 含义

个性化教学不是一种学习方式或方法，而是一种教育理念。对教师来说，个性化教学就是因材施教。教师要考虑到学生的个体差异，运用多种教学方式和教学手段来满足不同学生的需求；教师要对学习中产生影响的各方面的因素，如学习动机、认知类型、性格等做深入了解，要充分发挥学生在学习中的主体作用，让学生可以根据自己的特点和需求，在更大程度上自由地选择适合自己的学习资源，能够按照适合自己的方式和进度来学习他们所需要的内容。

当然，个性化教学不等于对学生放任自流，学生的学习是在教师的监督下合理有序地完成的，教师适时地为学生提供科学的指导。因此，个性化教学应该以多种形式和方法促进每个学生全面和谐地发展。

2. 理论基础和现实依据

（1）建构主义学习理论

建构主义是20世纪末备受关注且影响日益深广的学习理论，最早提出者可追溯至瑞士的皮亚杰，他是认知发展领域最有影响力的一位心理学家。建构主义认为，知识不是通过教师传授得到的，而是学习者在一定的情境即社会文化背景下，借助其他人（包括教师和学习伙伴）的帮助，利用必要的学习资料，通过意义建构的方式获得的。由于学习是在一定的情境即社会文化背景下，借助其他人的帮助即通过人际协作活动而实现的意义建构过程，因此建构主义学习理论认为"情境""协作""会话"和"意义建构"是学习环境中的四大要素或四大属性。第一,学习环境中的情境必须有利于学生对所学内容进行意义建构。这就对教学设计提出了新的要求。也就是说,在建构主义学习环境下,教学设计不仅要考虑教学目标分析,还要考虑有利于学生建构意义的情境的创设问题,并把情境创设看作教学设计的最重要内容之一。第二,协作发生在学习过程的始终。协作对学习资料的搜集与分析、假设的提出与验证、学习成果的评价以及意义的最终建构均有重要作用。第三,会话是协作过程中不可缺少的环节。学习小组成员必须通过会话商讨如何完成规定的学习任务;此外,协作学习过程也是会话过程,在此过程中,每个学习者的思维成果(智慧)为整个学习群体所共享,因此会话是实现意义建构的重要手段之一。第四,意义建构是整个学习过程的最终目标。所要建构的意义是指事物的性质、规律以及事物之间的内在联系。在学习过程中帮助学生建构意义,就是要帮助学生对当前学习内容所反映的事物的性质、规律以及该事物与其他事物之间的内在联系形成较深刻的理解。

建构主义理论鼓励学习者主动将自身的经历和要学习的知识联系在一起,引导学习者在学习过程中发挥自己的主观能动性。建构主义是个性化英语教学的理论基础,也是高校教师丰富学生英语知识的主要手段。建构主义学习理论认为学习者学习新的知识需要在原有知识的基础上进行积累,所以在英语学习过程中需要依赖原有的知识。而高校学生的英语水平参差不齐,不同学生的学习能力和兴趣爱好都不尽相同。高校英语教学中需要进行个性化教学,这有利于知识水平不同的学生根据自己的需求和能力进行自主学习。由于建构主义理论在我国的教学改革中发挥了重要的作用,以建构主义理论为基础的个性化英语教学是目前高校英语教学改革的重点。

(2)多元智能理论

多元智能理论是由美国哈佛大学教育研究院的心理发展学家霍华德·加德纳在1983年提出的。加德纳从对脑部受创伤的病人的研究中发现他们在学习能力上的差异,从而提出该理论。在传统教学中,学校一直只强调学生在逻辑-数理和语言(主要是读和写)两方面的发展,但这并不是人类智能的全部。不同的人会有不同的智能组合,例如,建筑师及雕塑家的空间感(空间智能)比较强,运动员和芭蕾舞演员的体力(肢体-运动智能)较强,公关人员的人际交往智能较强,作家的内省智能较强等。加德纳认为我们每个人都拥有以下八种主要智能:语言智能、逻辑-数理智能、空间智能、肢体-运动智能、音乐智能、人际交往智能、内省智能、自然观察智能。

多元智能理论是对传统的"一元智能"观的强有力挑战。过去的多元智能教育主要集中在幼儿园，因为教育专家认为，培养学生的多元智能应该从小做起，并慢慢推广至其他层面。然而，从广义上来说，多元智能理论不但能在小学及幼儿园的层面推广，在中学、大学甚至研究院中推广或进行在职培训也可以。近年来不少国际 MBA 的课程都加入了创意思维的课程，以增强学生在新时代的适应能力，这正是加德纳所提出的多元智能理论中的一个范畴。

在教学方法上，多元智能理论强调应该根据每个学生的智能优势和智能弱势选择最适合学生的方法，也就是要考虑个体差异，因材施教。教师要关注学生差异，尊重学生的差异，在教学中根据学生的差异，运用多样化的教学模式促进学生潜能的开发，最终促进每个学生都形成自己的优势。

在教育目标上，多元智能理论认为应该根据学生的不同情况来确定最适合每个学生的发展道路。通俗来讲，多元智能理论不是让学生齐头并进地过独木桥，也不是简单地要求给学生多架几座桥，而是主张给每个学生都架一座桥，让"各得其所"成为现实。

多元智能理论要求教师备课、上课不能再像以往那样仅仅是为了完成教学大纲的要求，而是更多地从关注学生、开发学生潜能、促进学生全面发展角度出发去考虑问题。要采用多种方式和手段呈现用"多元智能"来教学的策略，实现为"多元智能而教"的目的，改进教学的形式和方法，努力培养学生的多种智能。在教学形式上重视小组合作学习和讨论，以利于人际交往智能的培养。在教学环节上重视最后的反思环节，以培养学生的内省智能。力争使课堂教学内容丰富多彩，课堂活动形式多样，使学生的主体地位更加明显。

（3）大学英语教育改革的趋势

个性化教学体现了大学英语教育改革的方向。教育部颁发的《大学英语课程教学要求》提出，各高等学校应根据本校的实际情况，制定科学的、系统的、个性化的大学英语教学大纲，指导本校的大学英语教学。在教学要求方面提出，大学英语教学应贯彻分类指导、因材施教的原则，以适应个性化教学的实际需要。在课程设置方面提出，无论是基于计算机的课程还是基于课堂教学的课程，其设置都要充分体现个性化，既要照顾起点较低的学生，又要给基础好的学生留下发展的空间；既要使学生打下扎实的语言基础，又能培养他们较强的实际语言应用能力；既要保证学生在整个大学期间的英语语言水平稳步提高，又要有利于学生的个性化学习，以满足不同专业的发展需要。

（二）个性化英语教学模式的构建

大学英语个性化教学的实施是一个长期探索的过程，英语教学的有效实施仅仅依靠教师个人的努力是不够的，整个教学过程的有效实施需要学校、家庭、学生的积极配合才能达到良好的教学效果。

1. 建立个性化教学组织

大学英语个性化教学的顺利进行需要强有力的个性化教学组织进行保障。组建的个性化英语教学组织应具有以下职责。首先，组织要对学生进行个性差异测试。个性化教学组织需要运用科学合理的方法测试出学生所具有的个性化差异，以便于教师根据不同学生的特点有效地组织教学活动。其次，个性化教学组织要对学生进行合理分组并安排课程。由于影响学生个性化差异的因素有很多，每个学生所具有的个性化特点也不尽相同，这就要求个性化教学组织有效对学生进行分类，并分组安排教学。最后，个性化教学组织要根据教学的进展情况，适时地组织校内外的专家和教师开展教学回忆，有效解决教师教学中的一些问题。

2. 建立校内外教师个性化教学协作团体

为了更好地促进英语个性化教学的实施，需要在校内外建立个性化的教学协作团体。协作团体要发挥英语学科教师的作用，为不同个性小组的学生分配教学任务。此外还要加强与其他学科教师的协作，根据学生的需要授课，实现对学生的个性化教育。受校内教学理念的影响，很多英语教师在教学过程中采取的教学方法都具有该校的教学特色。为了更好地促进大学英语的个性化教学，还需要建立校外英语教学协作团体，进一步组织实施个性化英语教学。

3. 个性化教学与集体教学紧密结合

高校英语的个性化教学与英语集体教学并不是对立的，在一定条件下将个性化教学与集体教学结合在一起可以有效地促进英语教学。集体教学作为传统的教学方式具有教学时间短、传授知识比较全面的特点，可以在很短的时间内完成教学任务，对学生的英语学习有一定的帮助。而个性化英语教学虽然可以根据学生的不同特点组织教学，可以收到良好的教学效果，但是需要消耗大量的教学时间和教学精力。因此，根据大学英语教学实际，将个性化教学与集体教学相结合是目前比较科学的课程安排形式。

（三）个性化英语教学方法

1. 交际教学法

产生于20世纪70年代的交际教学法是西欧培养学生语言交际能力的一种教学体系，强调按外语学习者的不同需要确定教学目的，主张教学过程交际化，把教学过程和培养交际能力紧密结合起来。交际教学法并不是一种单一的、固定的教学模式，它的核心内容是"用语言去学"和"学会用语言"，而不是单纯地"学语言"，更不是"学习关于语言的知识"。其教学的最终目的是让学生获得较强的交际能力。在课堂学习中，学生在多数情况下处于某种"交流""交往""交际"的场景中，通过听、说、读、写等具体的行为去获得外语知识和交际能力。交际教学法要求以学生为中心，强调师生、生生之间的互动。学生主要以交际者的身份参与学习。但教师的作用不能忽视，教师是组织者，负责安排教学活动；同时也是交际者，不时会与学生用英语进行交流。由此可见，交际教学法的核心是丰富教学内容、组织课堂活动，让学生通过交际学习英语。

2. 交互式教学法

交互式教学法是20世纪80年代初出现的一种新的教学法。它以语言功能为纲，着重培养交际能力，也被称为交际法或功能-意念法。它强调语言教学必须以学生为中心，教师应提供真实的有意义的语言材料，创设真实自然的语言环境，使学生进行有意义的学习，教学过程围绕语言功能的特定任务而展开。交互式教学法吸收了其他教学流派的优点，形成了自己的优势。1982年，交互式教学由美国教授帕林克萨提出，之后又得到了进一步的研究和发展。它最初是一种以支架式教学思想为基础来训练学生的阅读策略的教学模式，今天我们也把它运用到大学英语的教学实践中。

交互式教学法的教学目的是培养学生的交际能力，使学生能够在不同的交际场合运用所学语言与不同的对象进行有效得体的交际。交互式教学法强调在课堂教学中学生是课堂的主角，应积极主动地参与课堂活动。交互式教学重视师生之间、学习者之间的相互支持和促进，教师的主要作用是扮演学生学习的促进者。交互式教学法强调语言的流利性、忽略语言的准确性，课堂上教师要鼓励学生大胆开口，使用语言交流思想以培养学生的语言交际能力，而不需要急于纠正学生的语言错误，以免影响学生语言的流畅性和表达的积极性。交互式教学法重视对目的语国家文化的学习，同时注意介绍中西文化差异和传授跨文化交际知识，以便进行有效且恰当的书面交际，避免因受本国文化的影响而在交际过程中出现理解错误。

3. 合作型教学法

合作学习是一种以学生之间的互动为主要取向的教学理论与策略体系。关于合作学习的定义，目前没有统一的说法。合作学习的主要代表人物、美国约翰·霍普金斯大学的斯莱文教授认为，合作学习是指学生在小组中从事学习活动，并依据他们整个小组的成绩获得奖励或者认可的课堂教学模式。著名的教育心理学家、合作学习的代表人物、以色列特拉维夫大学的沙伦博士认为，合作学习是组织和促进课堂教学的一系列方法的总称。学生在学习过程中的合作则是所有这些方法的基本特征。在课堂上，同伴之间的合作是通过组织学生进行小组活动实现的，小组通常由 3～5 个人组成。小组充当社会组织单位，学生在这里通过同伴之间的相互作用和交流展开学习，同样也通过个人研究进行学习。我国合作学习研究者王坦认为，合作学习是一种旨在促进学生在异质小组活动中互助合作，实现共同的学习目标，并以小组的总体成绩为奖励依据的教学策略体系。

尽管国内外学者对合作学习的定义表述不尽相同，但是他们所揭示的许多共性的东西对于我们认识合作学习的内涵及其活动取向具有十分重要的意义。从合作学习的各种定义中我们不难看出，合作学习主要是以学生之间的互动合作为教学活动取向的，它是以学习小组为基本组织形式，系统利用教学动态因素之间的互动来促进学习，以团体成绩为评价标准，共同实现教学目标的活动。具体而言，教师在合作学习中要注意以下几个环节的操作。

（1）合理分组

合理分组是小组合作学习的首要环节。教师应充分发挥其引导作用，促进小组成员间相互帮助、支持、鼓励。

（2）灵活组织课堂活动

教师在安排教学活动时，要使每个成员都意识到他们的状态会引起其他组员状态的变化，他们要以合作的方式来完成任务。合作教学中的主要活动包括角色扮演、话题讨论、小组竞赛、切块拼接等。切块拼接常用于课文学习。教师将课文分割成不同片段作为学习资料，各小组进行不同片段的学习讨论，然后各小组相互交流学习的收获，激发小组成员的学习动机和兴趣。

（3）科学评价

为确保合作学习教学模式的顺利进行并达到预期目的，对小组合作学习效果进行科学的评价也是不可缺少的。由于学生分组合作以共同进行学习活动，每个学生不仅要学会所教授的知识，而且还有责任帮助其他同学学习。在活动过程中，全组同学有分工、交流、合作，每个人的贡献都对小组的最后成果起到重要作用。通过小组合作学习，学生达到学会求知、学会做事、学会合作、学会做人的目的。

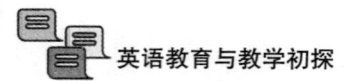

4. 自主学习型教学法

自主学习源于20世纪60年代末、70年代初欧洲的成人教育改革。除了第二次世界大战后有利的社会环境和物质基础，人本主义和建构主义的兴起和发展对自主学习的出现起到了重要的推动作用。自主学习以其个性化教育的特征引起了国外教育界的关注。西方教育家倡导把培养学习者的学习责任作为教育的最终目的。随后，语言教育家加入了自主学习研究的行列。外语教学界对自主学习的讨论始于20世纪70年代中期。此后，自主学习研究得到了不断的发展。20世纪90年代以后，国外对自主学习问题的研究更加广泛、深入，尤其在自主学习的实质和机制等基本问题上都取得了重大进展。从总体上看，国外在20世纪80年代的研究侧重于对自主学习的界定，以及培养学习者独立能力和自主学习能力的实践方面。从20世纪90年代起，西方学者除继续研究自主学习的理论依据、实施策略与实践结果外，开始尝试从政治、文化和心理等不同层次探讨促进语言学习的问题，并重新强调促进学习者进行自主的社会化学习和合作学习的重要性。因为自主学习研究涉及的主要层面极其广泛，其中主要有自主学习的定义与内涵、自主学习的层次与原则、自主学习的文化适应性、自主学习中心的建立以及培养自主学习能力的策略、途径、模式等。

而在实践上，当前的自主学习这一教学模式已广泛流行于国外各类学校，尤其运用于成人教育、远程教育和计算机辅助教学。世界上大多数院校的做法是建立专门的自主学习中心，为不同外语水平的学生提供固定的语言学习场所。我国教育部颁布的《大学英语课程教学要求》明确指出，自主学习能力是大学英语的教学目标之一，教学模式改革成功的一个重要标志就是学生个性化学习方法的形成和学生自主学习能力的发展。根据现代大学生现状，我国各大高校多采用大学英语"自学+辅导"与课堂教学相结合的教学模式，使课下自主学习、合作学习与课堂教学实现优势互补。

在大学英语教学过程中，应改变我国学生大多习惯单独学习、不善与他人合作的现状，多应用交际法，特别是任务型教学法，真正形成以学生为中心的课堂。在完成任务和评估的过程中，教师应同时强调语言知识和语言运用。根据学生的不同专业制定不同的任务目标并设计相应的专项演练，充分调动学生的兴趣和积极性，使其在主动建构的过程中形成语言习惯，提升语言能力。随着信息时代的到来，教育方式必须由传统的应试教育转向素质教育，学习方式由接受性变为主动性学习，这是培养创新人才的必然选择。

二、ESP 教学

随着我国经济的发展及全球一体化趋势的发展,英语已成为国际交流的重要桥梁。在日益频繁的国际交流与较差的外语应用能力之间的矛盾日益突出的背景下,专门用途英语应运而生,受到各个高校的重视。

(一) ESP 概述

ESP 即 "English for Specific Purposes",也就是平常所说的"专门用途英语"或"特殊用途英语",如旅游英语、商务英语、财经英语、医学英语、工程英语等。第二次世界大战以后,全球经济迅猛发展,科学技术日新月异,国际贸易、金融保险、邮电通信、国际旅游、科技交流等全球范围内的各种交往空前频繁。国际大交流呼唤一种能担当此重任的交流工具。由于种种原因,英语成了国际交往中的主要通用语言。随着经济和科学文化的发展,英语作为国际通用语言的地位正在日益得到加强,世界出现了学英语热。为了满足各类人员学习英语的需要,ESP 便应运而生并迅速发展。

ESP 由英国语言学家韩礼德于 1964 年首次提出,它是与某种特定学科或职业相关的英语,或是根据某种培养目标或特殊需要开设的英语课程。

到 20 世纪 80 年代,研究 ESP 的人越来越多,出现了一大批论文和专著。经过长期实践研究,1988 年,有学者提出了 ESP 教学的特征:①课程设置必须满足学习者的特别要求;②内容上与某些特定的学科、职业及活动相关;③重点应放在使语法、词汇与那些特定活动相适应的语言应用上;④与普通英语 EGP(English for General Purposes)形成对照。

ESP 进入我国大学英语教学的时间并不是很长。刘润清教授在 1996 年就指出:"将来英语学习的一个重大变化可能不再是单单学习英语,而是与其他学科结合起来。以后的英语教学将越来越多地与某一方面的专业知识相结合,或者说与另一个学科的知识相结合。"蔡基刚教授在《ESP 与我国大学英语教学发展方向》中提道:"随着我国和国际交往的日益扩大,经济全球化、科学技术一体化、文化多元化时代的到来,随着我国大学新生整体英语水平的提高,专门用途英语教学将是我国大学英语教学的发展方向。"

(二) 我国 ESP 研究与教学现状

和国外相比,我国的 ESP 教学研究起步晚了近 20 年。直到进入 20 世纪 90 年代,我国探讨 ESP 理论和教学的文章才日渐增多。但大多局限于对国外 ESP 的起源、概念、分类、理论的介绍层面,很少论及其中存在的不足以及教学实践过程中的困难。

进入21世纪,随着我国成功加入世界贸易组织,以及经济全球化的进一步发展,社会对于那些既有专业知识又有较高英语水平的复合型人才的需求直线上升。而探讨如何在市场经济的新形势下及时转变教学观念、有效开展专门用途英语教学的文章数量也开始激增。

但我国高校的ESP教学不论是在实践上还是在理论上都未进入成熟阶段,主要体现在三个方面:一是未解决好ESP在高校英语教育中的定位问题;二是对ESP的性质和教学原则理解不统一;三是对ESP的教学方法研究不够深入。许多ESP实证研究不断提醒我们,目前国内高校的ESP教学现状并不乐观,甚至有些令人担忧,不同程度地存在以下几个方面的问题。

1. 对ESP重视程度不够

国内许多高校只强调基础英语的教学,而没有系统地开设ESP课程,或者ESP课程设置的随意性较强。一些高校甚至认为ESP课程教学可有可无,因而在课程设置、师资分配、学分计算、考试成绩等方面不够重视。这些高校只抓基础英语教学和四、六级考试,甚至把四、六级证书与学生的毕业证挂钩,给学生造成很大的精神负担和心理压力。而通过了四、六级考试的学生,在完成两年基础阶段的学习后就彻底放松了甚至放弃了英语学习;没通过四、六级考试的学生,要么彻底放弃英语学习,要么埋头于四、六级考试的准备中。二者殊途同归,就是与ESP的道路渐行渐远。高校英语教学不重视ESP,那么学生在毕业后就很难走上需要专门用途英语的工作岗位并能够胜任。

2. ESP课程设计不合理

1999年《大学英语教学大纲(修订本)》明确规定,"ESP课程为必修课,安排在第5～7学期,学时不得少于100课时,第8学期还可继续安排专业英语文献阅读、专业英语资料翻译、英文摘要写作等课程,从而确保大学英语学习四年不断线"。但很多高校并没有严格按照大纲的要求安排ESP教学活动,或者在具体执行过程中走了样。有的大学安排在大三,有的安排在大四,使得第5学期的英语学习中断了。即使开设课程,每周2课时,且往往只安排一个学期的课程,距大纲规定的"学时不得少于100课时"的要求相差甚远,而师生课下投入的时间和精力就更少了。

3. ESP教学模式落后

目前,我国高校开设的"商务英语""国际营销英语""科技英语""计算机英语""法律英语"等专门用途英语课程大多采用"语法-翻译"教学法,以教师讲解课文为主，分析专门用途英语中某些句子的语法现象，比较单词或短语的用法，再逐句翻译成汉语。多年来，各大高校的英语教学一直保持着教师讲、学生听的课堂教学模式，现代教育技术没有得到很好的应用。即便是使用多媒体教学，也只停留在将黑板搬上屏幕的水平。这样非常不利于学生实际英语综合应用能力的培养。

4. ESP 教材使用混乱

教材是教学的工具之一，是教学大纲和教学内容的具体体现，直接影响着教学效果。我国 ESP 教学发展至今，尚无统一的 ESP 规划教材。各大高校在 ESP 教材的选取上大都各自为政，有原版引进的，也有自编或联合编写的。据统计，各大高校中选用原版英语教材的占 29.6%，采用出版社发行的教材的占 40.3%，采用学校自编教材或任课教师从专业文献中选编的占 30.1%。很多学生反映他们所使用的教材未附词汇表和相应的练习，其中还有一些错误。ESP 教材的使用乱象亟待解决。

5. ESP 师资力量薄弱

ESP 教学对教师的要求非常高，不仅专业知识要精深、英语好，还要求能用英语讲解专业知识、解析专业词汇。ESP 教师应该具备以下能力：①分析专门用途英语和情境；②评估教材以及相关的资料；③评估学生的成绩；④确定学习能力目标；⑤制订工作计划；⑥规划教学和学习策略；⑦规划个人辅导内容；⑧编写教材；⑨组织教学；⑩评估教学目的。我国 ESP 教师的来源大致有两类：一类是英语专业毕业并从事普通英语教学的英语教师，他们英语语言功底扎实，听力、口语俱佳，但对该课程所涉及的专业知识缺乏足够的了解；另一类是某专业中英语水平较高的专业教师，他们有一定的英语能力，但对英语基础知识掌握得不够充分，无法将基础英语和专业英语有机地结合起来，以组织有效的课堂教学。由此可见，ESP 师资力量建设任重而道远。

6. ESP 教学管理混乱

目前许多高校在 ESP 课程设置、课堂教学和组织管理等方面存在较强的随意性和不确定性，尚未建立起一套科学、规范的 ESP 课程教学质量评估体系。大部分高校缺乏系统的教学安排，有些专业开设了 ESP 课程，有些专业原来开设了，后来又取消了。已经开设 ESP 课程的高校大多处于自发地、零散地组织专业英语教学的状态，绝大多数采取大班上课；几乎所有的 ESP 课程都由专业课教师兼任，对教学效果和教学质量的考核也未列入教师和教学管理部门的工作之中。

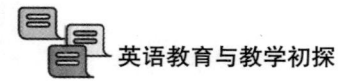

（三）大学英语教学中推行 ESP 的必要性

廖益清教授曾指出："ESP 教学作为一种语言教学，其主要教学要求是通过对语篇的目的进行分析，使学习者掌握 ESP 的语言特征和语用功能，从而达到运用 ESP 的教学目的。"在大学英语教学中逐步、有序地推行 ESP 有很重要的现实意义。传统的大学英语教学中，学生着重掌握的是英语的普遍性知识和技能。而 ESP 则侧重英语的特殊性，即在某种情境下如何用地道的英语进行表述。积极推行 ESP 并不是全盘否定 EGP 所起的作用。ESP 的实施有个前提，那就是学生的英语基础普遍较好。在打下坚实的基础后，也就是掌握了语言的普遍性特征，之后采用 ESP 教学方法，使他们学会在实际语言环境中如何运用英语进行有效的交际。

上文提到 ESP 的一个特点就是 ESP 教学要建立在对学习者的需要进行分析的基础上，使他们在今后工作、生活中能读懂专业文献，能用英文进行英文摘要的书写，在特定场合中用英语进行交际。由此可见，大多数学生提出的需求很明确，而 ESP 的产生也源于这方面的需要。学生所需要的就是教师所要考虑和分析的，并在将来的教学中能有所改进的。大多数学生大学毕业后就会从事某种职业，所以他们的需求是最直接的，也是最实际的。

不仅学生对现在的英语教学状况不甚满意，用人单位对学生的英语实践能力也存在质疑。学生在大学学了两年英语，毕业后实际运用语言的能力普遍并不强，能用英语进行较流畅的交流，但在翻译、写作等方面达到标准的学生只占少数。大学生普遍只在大学的前两年有英语课，大多数学生学习自觉性并不强，甚至过了英语四、六级后就认为英语学习到此为止了，没有继续下去的必要了。大学后两年能坚持自学英语的学生是少数。英语教学现状与学生的实际需求脱节，用人单位对大学毕业生的英语实践能力不满意使得 ESP 教学的推进、推广势在必行。

（四）ESP 教学的应对策略

ESP 课程的开设对学生大学毕业后的发展和英语教师自身的发展都至关重要。一方面，对学生而言，他们对传统的 EGP 教学大多兴趣不大，甚至感到厌倦。而改变这种现状的最佳方式就是实施 ESP 教学。英国语言学家威尔金斯提出，经过 ESP 培养的学生，在他们将要从事的专业领域，能够比那些只接受了通用英语教育的学生更有效地进行交际活动，更有助于他们的就业。另一方面，ESP 对专业英语教师的意义更不容忽视。在 ESP 教学即将成为高校英语教学主流的今天，大学英语教师的发展目标绝不仅仅是外语授课者，同时也应该成为某个专业领域的"准从业者"。

1. 对教师的要求

ESP 教学对授课教师提出了更高的要求。首先，教师对专门用途英语的教学目标要有全面、清晰的认识，清楚在教学过程中应该教授学生什么，并且能随时根据学生的反馈和意见对教学进行完善和改进。也就是说，教师应该是课程的设计者，教师与学生之间应该是合作关系。在课堂上，师生之间应该有良好的配合和互动。此外，教师还应该是研究者，对 ESP 教材与学生的状况、学生的接受能力做进一步研究，并找到相应的解决方法。再有，ESP 教师还是测试与评估者，他们要思考以何种方式较准确地测试与评估学生的能力与水平，并根据实际情况不断进行调整。教授 ESP 的教师都是英语专业毕业的，英语基本功扎实，但缺少相关的专业知识。这就需要教师在课下充电，把专业知识和英语相结合，然后才能在课堂上有的放矢地教好学生。这也是所有教授 ESP 的教师都面临的巨大挑战。

教师是 ESP 教学成败的关键性因素，在师资培训方面具体有三种方法。

（1）送出去

高校可根据自身实际分批选派一些年轻、英语基础好、有一定专业知识的教师去国内或国外的 ESP 教学师资培训基地进修学习。

（2）请进来

定期邀请国内外 ESP 专家、学者来学校做专题讲座。

（3）相互交流

参加校际 ESP 公开课、交流会等活动，为教师提供学习锻炼、开阔眼界的机会；并通过经验丰富教师传、帮、带的培养模式来促进年轻 ESP 教师的快速成长。

2. 对教材的要求

ESP 教材的编写应该建立在分析需求及进行评估的基础之上，实用性强，难易程度适中，适合绝大多数学生使用。ESP 教材的一个突出特点就是它的真实性，教材的内容应该基于真实的语境，和学生的专业能紧密联系起来，如某些专业词汇、固定用法、表达习惯等。其针对性要强，学生将来在就业时能够学以致用。另外，教材应强调能力训练，学与练有机结合起来。实践语言操练在课堂上应占有较大的比重，如课堂讨论、设定某个语言情境，让学生进行对话练习等。

3. 建立 ESP 网上资源库

计算机技术的发展，特别是多媒体技术、网络信息技术的飞速发展，使得教学理念发生了根本性的变化。建议由国家高等教育主管部门牵头，建立一个专门的 ESP 网络资源平台。汇聚全国各大高校的各种 ESP 资源，供 ESP 教师相互交流学习，实现资源共享，将大大减少各高校在 ESP 教学研究方面的人力、物力和财力投入，迅速缩小各高校间的 ESP 教学差距，并极大地提升国内 ESP 教学的整体水平。

三、互联网教学

2015年3月5日，在第十二届全国人民代表大会第三次会议上，李克强总理在政府工作报告中首次提出"互联网+"行动计划。"互联网+"是利用信息通信技术以及互联网平台，与各传统行业进行深度融合，充分发挥互联网在社会资源配置中的优化作用，为传统行业带来新的活力，带来机遇和挑战，同时引领教育进入一场基于信息技术的伟大变革中。"互联网+"时代的到来意味着教育内容的持续更新和教育模式的不断变化，同时也更新着大学英语的教与学模式。

我国各大高校在英语教学方面也加大了投入力度，多媒体语言实验室的建设取得了显著进展。充分利用互联网资源构建一个开放式、交互型、个性化的大学英语网络教学平台，科学地采用课堂教学和现代网络技术合作与互补的教学方式，以满足现代大学英语课程改革的需要。

（一）构建网络环境下的大学英语教学模式的意义

传统的教学模式不利于展现生动的情境，不够直观，难以激发学生的好奇心和求知欲，导致"哑巴"英语长期存在。而在语言活动中利用网络技术营造出真实的动态情境，可以全方位、多层次地刺激学生感官，使学生能够获得真实、形象、具体的表象，受到特定氛围的感染，从而培养学生对语言的感知能力，进而活跃思维，提高运用语言的创造力。同时，也可增强学生模仿和创新的能力，为全面培养学生的听说读写能力打下坚实基础。由此可见，大学英语网络教学有着很大的优越性。

2007年7月，我国教育部颁布的《大学英语课程教学要求》中提到，各高校应充分利用现代信息技术，采用基于计算机和课堂的英语教学模式，改进以教师讲授为主的单一教学模式。新的教学模式应以现代信息技术，特别是网络技术为支撑，使英语的教与学可以在一定程度上不受时间和地点的限制，朝着个性化和自主学习的方向发展。新的教学模式应体现英语教学实用性、知识性和趣味性相结合的原则。

1. 英语网络教学能真正激发学生的学习兴趣

实验心理学家特赖希勒通过大量的试验证实，人类获取的信息83.5%来自视觉，11%来自听觉，3.5%来自嗅觉，1.5%来自触觉，1%来自味觉。可以看出，人们通过视觉和听觉获得的信息占其信息获得总量的94%。心理学研究记忆力时还发现，对同样的学习材料，单用听觉，3小时后能保持所获取知识的60%，3天后下降为15%；单用视觉，3小时后能保持70%，3天后下降为40%；如果视觉、听觉并用，3小时后能保持90%，3天后仍可保持75%。

而英语网络教学能提供文本、图像、音频、视频等教学手段，使学生对课堂内容的理解与接受实现多通道、多元化，充分体现认知主义学习理论中"多重感官同时感知的学习效果优于单一感官的学习效果"这一观点，有利于语言教学信息的多方位立体式输入，突出重点。还能提供纯正地道的语音语调，更易为学生所喜欢和模仿，培养学生的语感，激发学生学习英语的兴趣。

英语网络教学在一定程度上改变了学生的学习方式和习惯，学生由原来被动的"不得不学习"变成了主动的"要求去学习"。在网络学习中，学习者可以自己控制和管理学习过程，即根据自己真实的学习水平和独特的学习方式去选择适当的学习内容和形式，根据计算机的反馈自主地决定进度；甚至可以主动地去探索，发现自己所需要的知识和信息。

2. 英语网络教学为互动式学习提供了便利

网络具有独特的交互功能，学生在网络中不仅可以接受，还可以表达，英语网络教学改变了学生的交流方式。在以往的课堂中，学生一般只局限在与教师的交流中。而网络教学使学生之间的交流打破了原来的时空限制，可以实现多主体、大众化的交流。英语网络教学实现了教学资源共享，进一步促进了教育的平等并提高了学生的英语水平。

以我们目前使用的《新视野英语教程》为例，教师结合教学需要编写课件进行讲解，图文并茂，以传授知识和调动学生兴趣为主。课件里应有相应的语言输出，学生可以跟读练习发音。教师在课堂上不是简单地操作电脑，还要针对学生的疑点、难点适时答疑解惑。针对课文，教师也可以利用网络技术向学生展示相关的背景知识，使教学更加生动直观，增强学生的讨论热情，提高学生的思维和阅读理解能力。

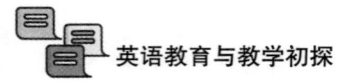

3. 英语网络教学可以扩大英语教学的范围

英语网络教学还扩大了英语教学的范围，教师可以利用网络向学生更生动、详细地介绍课文相关背景知识，拓展知识面；也可在适当的时候采用多种教学手段，利用视频、音频、图片、文字等方式介绍多角度的语言知识，使教学内容贴近时代，与时俱进。

在网络教室里学习的最大特点，是教学资源是由计算机网络提供的，学习方法也是教师根据学生情况事先设计好再由计算机提供给学生的，学习活动在网络环境中进行。基于网络技术的英语合作学习活动或项目能够提供真实交流和真正交互的情境，也为教师进行个别辅导、因材施教拓宽了路径。而网络技术为学生提供了轻松的学习环境，没有教师在场，不必担心因回答不出问题而被嘲笑，情感焦虑得到缓解，学习效率自然得以提高。由此可见，在感知、理解及应用语言的过程中，网络技术为学生的自主学习提供了重要条件。

（三）常见的大学英语网络教学模式

1. 网络自主学习模式

该模式注重个性化教学和自主学习，主要分为网络自主接受模式和网络自主探究模式。

（1）网络自主接受模式——学生+学生资源+学习指导者

由于自主接受模式主要针对的是学生的语言知识和技能，因此训练以完形填空、单项选择、多项选择、判断、配对等带有详细答案的形式为主。学生完成测试并提交答卷后，计算机通过已设定好的识别和反馈程序可自动进行批改，会清晰显示答卷中的错误并提供正确答案。

（2）网络自主探究模式——学生+任务+参考资料+教师

这一模式主要用于培养学生的语言应用能力，而不是传授词汇或语法等语言基础知识。教师给学生布置语言任务，学生在模拟完成一个真实的语言任务的过程中，在教师的指导下，加之自身不断地学习与探索，最终达到熟练掌握语言技巧的目的。

2. 网络综合教学模式

在实际网络教学中，单一的教学模式往往不能满足不同教学目标的需要，通常需要将上述几种教学模式根据具体情况综合使用，这就是综合教学模式。

3. 网络任务合作模式

该模式主要是通过学生组建学习小组，利用网络资源完成教师指定的一般或较为复杂的语言任务，来提高学生的综合语言能力以及团队合作意识。在任务合作模式中，教师的作用比较重要。首先教师要根据学生的语言以及综合能力水平等对学生进行分组，并提供必要的资源索引；在学生完成任务过程中，教师要及时对出现的问题予以指正，协调小组合作时可能出现的矛盾，从整体上把控学生完成任务的进度，并在任务完成后组织评估工作。在整个过程中，学生应尽量使用目标语言完成，如使用英语进行沟通、选用英语参考资料、用英语总结发言，最后提交的作品用英语书写等。这种教学模式是通过构建一个虚拟的任务环境，让学生在完成任务的过程中语言综合应用能力得到提高，同时也培养了学生的团队合作能力。

4. 网络集体传递模式

这种模式与传统的教学模式相似，但传统的教学是在教室里进行的，该模式是利用虚拟网络进行的。

（四）网络环境下的大学英语教学所应遵循的原则

在现有多媒体技术和网络技术支持的教学环境下，通过认知建构主义理论和人本主义心理学理论的正确指导，进一步明确网络教学环境下的英语教学所应遵循的原则。

1. 学生的主体性

即学生处于教学的主体地位，应自始至终参与有关教学的决策，能自觉地对自己的学习进行监督和评价，对自己的学习负责，成为学习的主人。

2. 学生学习的独立性

学生在自主学习过程中，可根据各自不同的需求、学习动机和学习目标，积极主动、有创见性地独立决定自己的学习内容、学习方法、学习过程和学习形式。它是学习者的一种有意识地计划、监控、实行和测试反思的学习过程。

3. 学生学习的超前性

学生主动参与学习和教学，能为自己寻找新的学习方法，以适应现在及未来的终身教育活动，使自己能迎接学习中产生的新问题的挑战。如 Web Quest 之类的研究性学习能够使学生围绕社会生活中的实际问题进行自主探究、自主发现，是一种基于问题解决的学习，基于协作交流的学习，基于资源共享的学习。

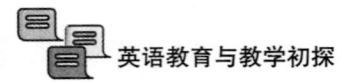

4. 构建新型的"主导与主体相结合"的教学模式

即教师的主导性与学生的主体性相结合。网络环境下教师的主导作用不仅是指对教学内容的讲解，对学生的启发、引导，而且更主要的是指对情境的创设、信息资源提供、合作学习的组织和研究性学习的指导以及自主学习策略的设计等方面。教师必须了解学生的需求，获取学生的信任，使他们对自主学习有所认识，才能逐渐将学习的责任移交到学习者身上。

（五）"互联网+"时代下大学英语的教与学

1. 对大学英语教师而言

网络学习平台、手机英语学习 APP、微信公众平台上的移动课程，这些以网络为载体的大学英语教学和学习方式冲击着大学英语传统课堂，改变着大学英语的教学理念和大学英语教师的角色定位。因此，大学英语教师应从以下几个方面调整自己，从容应对和把握"互联网+"时代带来的机遇和挑战。

（1）以新思维指导自己

在大学英语教学中，"以学生为中心"的口号喊得空洞又无力，大学英语教师依然采用集体的、满堂灌的讲授式教学方法，沿用以"教"为中心的传统模式。"互联网+"时代的思维本质是在科技通信时代，一切都将也必将以"以人为本"为出发点，以满足学生的个性化需求。而"人性化"在大学英语教学中的具体体现就是"以学生为中心"，这也要求大学英语教师重新解读"以学生为中心"这一理念。"以学生为中心"指以学生的学习和发展为中心，从以"教"为中心向以"学"为中心转变，反对填鸭式、灌输式教学；主张解放学生的思想，发挥学生在学习中的主观能动作用；提倡将协作式、个性化、小组讨论等多种教学形式组合起来进行教学，要全面、整体、协调推进。大学英语教师要转变教学观念，全方位设计大学英语教学过程，从根本上以学生为出发点和落脚点。

（2）以新角色定义自己

教师的传统角色一直是"传道、授业、解惑者"。大学英语教师在信息技术不发达的情况下以及传统的教学模式下，扮演着知识的占有者和传播者。"互联网+"时代不仅打破了这种对英语知识垄断的局面，还提供了不受时空限制的语言学习和交流平台及方式。但这并没有减轻大学英语教师的负担，也不意味着大学英语教师一职将被替代。相反更突显了大学英语教师的重要性，因为在大量的网络学习资源中，如何甄别、选择、利用网络资源，有效地学习英语语言知识是大多数学生面临的问题。在这些新问题下，大学英语教师扮演着学习者、研究者、设计者、合作者、引导者等更丰富的角色。"互联网+"时代带来的不仅是大学英语新的教学和学习方式，还有先进的大学英语教学理念和大量的学习资源。大学英语教师应秉承终身学习理念，不断充电，在课堂上与学生合作互动，促进大学英语的教与学；在课下引导学生积极主动地学习英语。

（3）以新科技武装自己

新的大学英语教学和学习方式有着传统课堂所无法比拟的移动性、灵活性、多样化、情景化特征。而将传统大学英语课堂与新型教学和学习方式合理结合起来，是"互联网+"时代大学英语教学的必然趋势。这就要求大学英语教师除了具有过硬的专业素质外，还要熟练掌握并灵活操作与教学相关的计算机办公软件，必要时还要学会解决教学中出现的简单的软件问题，以确保教学活动的顺利开展，高效地服务于现代大学英语教学。

2. 对大学生而言

"互联网+"时代下，大学生也面临巨大的挑战。大学阶段是人生的重要阶段，而大学生的身心发展还未真正成熟。信息时代的到来、各种网络学习资源的大量出现考验着大学生的思辨能力和学习能力。大学生要在日常生活中训练自我思维能力，根据自己的学习需求获取相应的知识资源，积极主动地利用各种在线学习课程和学校提供的网络自学条件，从被动学习转变为自主学习，从接受式学习转变为探究式学习，从个人分散学习转变为合作学习。

参考文献

[1]曾凡贵. 大学英语教学改革多元视角探索 [M]. 上海：上海交通大学出版社，2012.

[2]张全，范应红. 英语教学改革理论与实践研究 [M]. 昆明：云南大学出版社，2014.

[3]赵琳琳，李文杰. 大学英语自主学习理论研究与实证分析 [M]. 哈尔滨：黑龙江大学出版社，2016.

[4]郭岩. 大学英语课堂教学研究 [M]. 北京：光明日报出版社，2016.

[5]吴迪. 英语教学评价 [M]. 延吉：延边大学出版社，2016.

[6]章兼中. 英语课程与教学论 [M]. 福州：福建教育出版社，2017.

[7]周帆. 高校英语教育教学理论与实践研究 [M]. 长春：吉林大学出版社，2017.

[8]杨阳. 英语理论与英语教学 [M]. 成都：电子科技大学出版社，2017.

[9]夏鹏铮. 英语教学语言艺术 [M]. 长春：吉林大学出版社，2017.

[10]连良鹏. 优化英语课堂教学探究 [M]. 长春：吉林人民出版社，2017.

[11]朱雪艳. 文化意识与英语教学 [M]. 上海：上海交通大学出版社，2017.

[12]王淑花，李海英，孙静波，等. 大学英语教学模式改革与发展研究 [M]. 北京：知识产权出版社，2018.

[13]朱金燕. 大学英语教学改革探索 [M]. 武汉：中国地质大学出版社，2018.

[14]宫玉娟. 大学英语教学模式改革创新研究 [M]. 长春：吉林出版集团股份有限公司，2018.

[15]薛燕. 基于教学改革的大学英语教学实践 [M]. 延吉：延边大学出版社，2018.

[16]张艳玲. 英语教学的理论、模式和方法 [M]. 青岛：中国海洋大学出版社，2018.

[17]李雯，吴丹，付瑶. 跨文化视阈中的英汉翻译研究 [M]. 长沙：湖南师范大学出版社，2018.

[18]于辉. 当代大学英语教学改革多元化趋势研究 [M]. 长春：吉林大学出版社，2018.

[19]王静. 跨文化视角下的英语翻译理论与实践探究 [M]. 长春：吉林人民出版社，2018.

[20]蔡吉，钟淑梅. 基于学科素养的英语教学 [M]. 北京：知识产权出版社，2019.

[21]刘锦芳. 当代英语翻译与教学实践创新研究 [M]. 北京：北京工业大学出版社，2019.

[22]佘欣然. 浅谈高校英语基本技能的科学训练 [J]. 才智，2018（34）：21.

[23]朱琳. 新媒体背景下高校英语教学改革策略 [J]. 课程教育研究，2018（37）：99.

[24]王丽. 高校英语阅读教学中的跨文化能力培养 [J]. 开封教育学院学报，2018，38（12）：64-65.

[25]吴德宇. 论高校英语阅读与写作教学的有机结合 [J]. 海外英语，2019（22）：170-171.

[26]陈钰. 大学英语写作教学改革模式创新研究 [J]. 才智，2019（28）：105.

[27]金良友. 地方高校大学英语教学存在的问题与对策 [J]. 科技视界，2019（30）：111-112.

[28]黄绮. 高校英语听力课堂教学模式改革研究 [J]. 江西电力职业技术学院学报，2019，32（6）：56-58.

[29]马琳. 浅谈高校英语课堂中增强教师教学语言艺术技能的重要性 [J]. 才智，2019（35）：3.

[30]刘海英. 高校英语教学中翻转课堂教学模式的应用分析 [J]. 校园英语，2019（46）：2-3.

[31]刘北方. 大学英语教学中形成性评价体系的建构 [J]. 智库时代，2019（52）：158-159.